SF 작가의 사유와 글쓰기

SF 작가의 자유와 글쓰기

김보영

디플롯

일러두기

1 주석은 모두 저자의 것으로, 참고한 문헌 또는 자료 성격의 주석은 일련번호를 붙여 미주로 정리했다.
2 장편소설, 소설집 등 단행본과 정기간행물, 웹소설, 웹진은 《 》, 단편소설, 중편소설, 영화, 애니메이션, 게임, 기사, 논문은 〈 〉, 시리즈는 ' '로 표기했다.

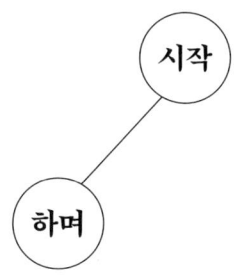

한때 나는 작법서를 열심히 읽었다. 이유는 두 가지였다. 하나는 2013년 6월부터 2016년 2월까지 청소년 문학 웹진 〈글틴〉의 '이야기글' 게시판 멘토를 맡아서였다. 나는 살아오며 정식으로 글쓰기를 배운 바가 없으나, 어린 작가님들께 헛소리를 할 수는 없으니 최대한 이론을 공부하고자 했다. 두 번째는 작가로 데뷔하기 전에도 그랬지만 데뷔 후에도 오랫동안 내 글을 읽는 사람을 쉽게 찾을 수 없어서였다. SF는 2015년 무렵 이전까지만 해도 한국에서 팔리는 장르가 아니었다. 나는 늘 "읽을 마음이 조금도 없는 사람에게 내 글을 읽히려면 어째야 하는가?"를 고민해야 했고, 장르를 바꿀 수는 없었기에 작법에서 길을 찾고자 했다.

그 작법서들이 도움이 되었느냐고 묻는다면, 그렇기도 했고 그러지 않기도 했다. 작법서에서 하는 말들을 분류하자면 둘로 나뉘었다. '그걸 안다고 쓸 수 있겠는가'와 '그거 당신이니까 가능하지'였다. 이를테면 '독자를 감동시켜야 한다' 같은 말은 전자에 속한다. 어쩌란 말인가. 누가 모르나. 스티븐 킹은 '결말을 왜 걱정하느냐'[1]고 했다. 쓰다 보면 이야기는 끝난다는 것이다. 후자에 속한다. 어쩌란 말인가. 그럴 수도 있기는 한데 댁이나 그렇겠지.

하지만 책 한 권을 보면 반드시 한 가지 이상은 새로 배우는 것이 있었다. 말하자면 책 백 권을 읽으면 백 가지는 새로 배운다는 뜻이다. 배움에는 그런 면이 있다. 이 책도 여러분에게 한 가지 이상은 새로운 것을 알려주기를 기대한다.

실제로 내게 가장 도움이 된 책들은 학생을 가르쳐보았거나 지금 가르치는 선생님들의 책들이었다. 이들은 작법을 규격화하려고 애쓰고, 남이 체계적으로 따라 할 수 있는 방법을 찾고자 하기 때문이다. 나 또한 그런 마음으로 쓰고자 했다.

우선 이 책은 SF, 그중에서도 소설에 특화된 작법 에세이다. 나는 다른 분야는 아는 바가 없다. 하지만 다양한 창작이 올라오는 〈글틴〉의 '이야기글' 게시판을 맡으며 생각한 바를 함께 담았기에, 다른 분야에도 적용되는 바가 있을 것이다.

또한 기본적으로는 초보자를 위해 썼다. 전문가를 위한 책은 내가 평생 쓸 수 있을지 의문이다. 그래도 내가 지금껏 읽어온 작법서에서는 보지 못했거나 잘 정리되지 않았던 것을 말하고자 했다.

다른 문학 이론을 가져오려 하지 않고 내가 집필하며 체화한 방식에 대해서만 말하고자 했다. 인용은 그 방식을 처음 배운 곳, 아니면 내 방식과 일치하는 의견을 찾아 수록했다.

많은 것을 말하지 않고 몇 가지만 다루되 충분히 깊이 들어가고자 했다. 희끄무레한 말이 아니라 명확한 말을 하고자 했다. '그걸 안다고 쓸 수 있겠는가' 싶은 말과 '그거 당신이니까 가능하지' 싶은 말이 나올 만한 내용은 최대한 제외하고자 했다. 그래도 다소는 있을 텐데, 이는 창작의 특수성 때문이다. 창작은 결국 개인적인 작업이며, 보편적인 원칙을 찾으려다 보면 본질에서 벗어날 수밖에 없어서다.

마지막으로, 이 책은 에세이 형식을 띤다. 처음 연재된 지면들의 특성상 작가 지망생이 아닌 독자들이 읽기에도 재미있기를 바랐기 때문이다. 또한 마찬가지로 그 지면들의 특성상, 이전 연재를 읽지 않은 독자를 위해 각 편을 독립적으로 썼다. 그래도 구성에서는 최대한 내용이 이어지도록 했다.

책의 반은 SF계간지 《The Earthian Tales 어션테일즈》(아작, 2022), 웹진 《크로스로드》(아태이론물리센터, 2015)와 만화잡지 《보고》(휴머니스트, 2015), '리디셀렉트'(리디, 2020)에 실었던 작법 에세이에서 가져왔다. 순서를 재구성하며 내용이 이어지도록 가필했고, 출간 시점에 맞도록 다소 수정했다. 내용이 겹치는 부분은 삭제했다. 단지 '지난 에세이를 모은다'는 취지를 지키고자 어느 수준 이상의 수정은 자제했다. 다른 반은 《The Earthian Tales 어션테일즈》에 이어서 수록하려 했던 나머지 원고를 추가해 완성했다.

차례

시작하며   5

쓰기 전에
당신이 먼저 있고 그 다음에 장르가 있다   13
왜 내가 쓴 글은 잘 쓴 것 같을까   23
아이디어란 (도대체) 무엇인가   35
아이처럼 공부하기   49

쓰기
SF 서사의 주역은 둘이다 — 인물과 설정   67
타인에게는 주관이 있다   83
세계는 이어져 있다   99
핵심을 틀려라 — 그리고 쓸데없는 것은 정확하라   114
시간은 상대적으로 흐른다   128
이중 구조로 전달하기   141
독자의 기억력과 집중력을 배려하기   151

쓰고 나서
퇴고와 평가 듣기의 기술 171
악플에 상처받지 않는 법 188
중요한 것은 눈에 보이지 않는다 197

여담
SF의 독법은 따로 있는가 207
'아쉬발꿈'은 왜 사랑받지 못하는가 212
'시각적인 묘사였다' 214
루틴 217

마지막으로 222

출처 224
주석 226

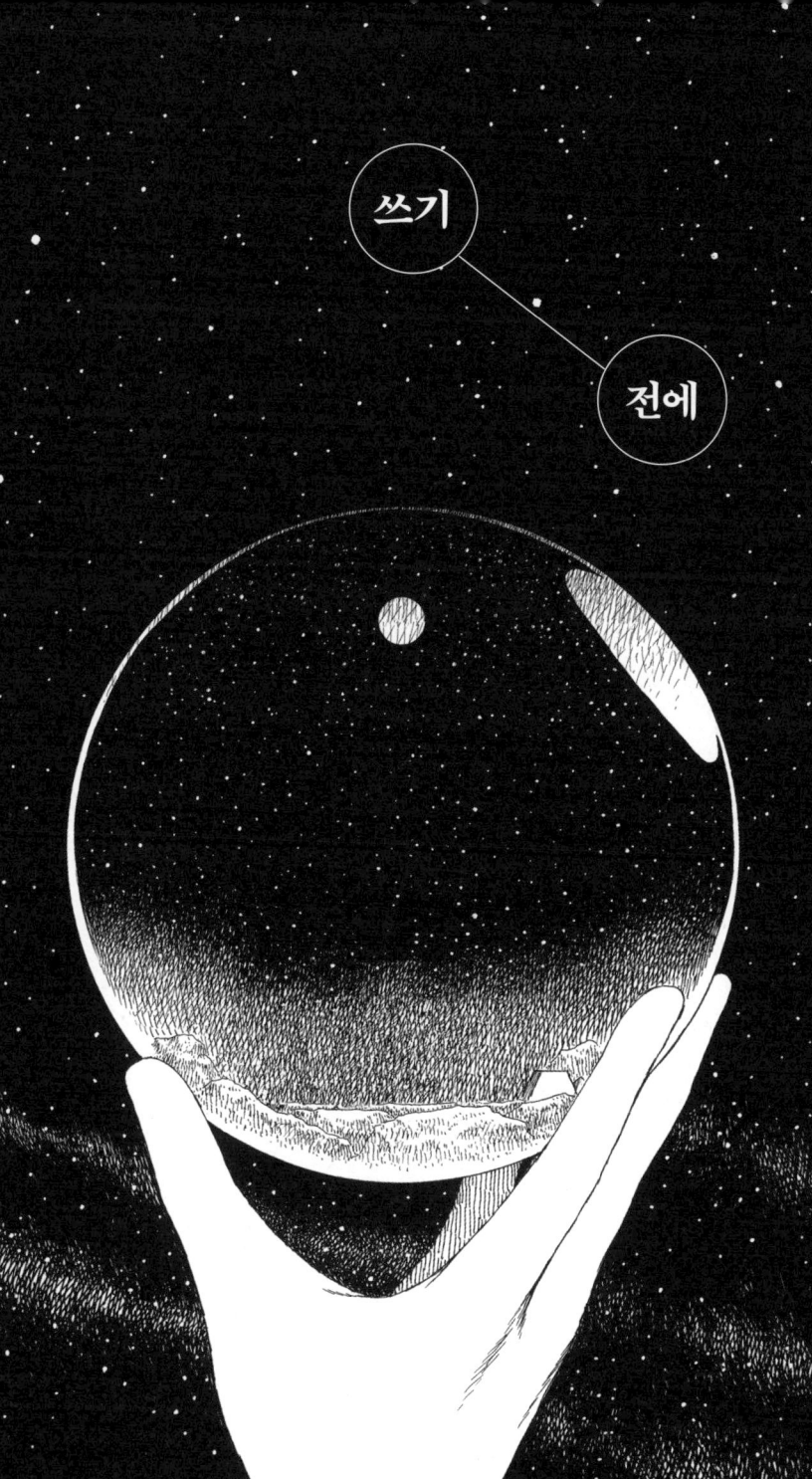

당신이 먼저 있고 그 다음에 장르가 있다

 대략 2015년 이래로 SF 장은 크게 변했다. 현재는 강렬하여 과거를 지우는 경향이 있지만, 그 이전까지만 해도 나는 온라인 서점에서든 도서전에서든 장르문학 작가와 일반문학 작가가 같은 자리에서 행사나 이벤트를 하는 경우를 본 기억이 없다. 백만 부를 팔든 천만 부를 팔든 장르 작가는 '올해의 작가'나 '기대되는 작가'나 '인기 작가'에 절대로 이름을 올리지 못했다. 지금은 어찌나 자연스러운지 마치 처음부터 그랬던 것만 같다. 나는 그 이전에도 같은 선상에서 거론되기만 했다면, 장르 작가들이 언제나 최소한 '인기 작가'에 이름을 올렸으리라 본다. 모두가 알았기에 의도적으로 지워져왔으리라 생각한다.

일전에 어디에서인가 "어째서 한국에서 이토록 SF가 인기 있을까요?"라는 질문을 받고, 혹시 내가 평행세계로 잘못 넘어왔나 싶었다. 나는 데뷔 후 내내 "어째서 한국에서 SF는 인기가 없을까요?"라는 질문만 들어왔다. 데뷔 전에 SF를 특집으로 다룬 잡지를 본 적이 있는데 "어째서 한국에는 SF 작가가 없을까요?"가 주된 내용이었다.

모두 답하기 어려운 질문이다. 답이 없어서라기보다는 너무 많아서다. 하지만 그 답의 한 축에는 작가와 작품이 있을 것이다. 마침맞게 환경이 마련되었을 무렵 사랑받을 만한 좋은 작가와 작품이 나타났고, 게다가 비슷한 시기에 여럿 나타났으며, 그들이 장르 정체성을 분명히 해주었다. 작품의 힘이란 어찌나 강력한지, 어떤 작품은 "두 번 다시 이딴 것을 내 앞에 들이밀지 마!"의 감흥을 퍼트리며 시장 전체를 고사시키기도 한다. 내 앞 세대에 크게 돈을 끌어들인 뒤 SF를 전면에 내세우고 망한 영화들은 그후 십 년쯤은 SF의 싹을 말려버렸을 것이다.

한편으로 베르나르 베르베르가 지난 삼십 년간 한국에서 가장 사랑받은 작가에 이름을 올렸음에도 불구하고, 그의 작품이 여타의 SF와 다르다고 끝끝내 선을 그었던 마케팅 정책 탓에 작가의 인기가 장르의 부흥으로 이어지지 못했다고 본다. 근래 여러 경로로 데뷔한 작가들은 감사하게도 그러지 않았고, 한국 SF 장이 성장하는 데 큰 역할을 해주었다.

장르 이전에 작품이 있었다

나는 작가가 된 뒤로 SF에 대한 질문을 많이 받았다. 초창기만 해도 SF에 대해 아는 바가 많지 않았기에 매번 공부하며 답해야 했다. 이상하게 들리는지?

나는 늘 이민자 같은 기분이었다. 처음 외국에 발을 디딘 한국인처럼, 끝없이 이런 질문을 받는 것이다. "한국은 어떤 나라인가?" "왜 한국에 사는가?" "한국인의 특징을 요약해서 설명하시오." 등등. 내가 한국인임은 분명하지만, 그런 질문에는 따로 공부해야 답을 할 수 있을 것이며, 그럼에도 그 답이 나를 충분히 설명해주지 않을 것이다. SF와 나의 관계도 그렇다.

내가 한국을 선택해 살지 않았듯이 나는 SF를 선택하지 않았다. 나는 내 소설을 썼고 그것이 어쩌다 보니 SF였다. 처음 글을 쓰기 시작했을 때 나는 너무 어렸기에 내가 무엇을 쓰는지 몰랐다. 애초에 시장 자체가 없는 상황에서 장르를 인식하기도 어려웠다. 출간할 수 없는 글을 쓴다고 믿었고 일생 다른 이에게 읽힐 일 없이 혼자서만 쓰리라 여겼다. 그 글이 SF에 속한 것이다.

실제로 장르 이전에 작품이 있었다.

휴고 건스백이 'SF'*라는 말을 퍼트리기 시작한 해가 1916년이라 한다. 메리 셸리가 《프랑켄슈타인》을 쓰고도 한참 후대의 일이다. 건스백은 SF라는 장르를 선언하며 쥘 베른이나 H. G. 웰스 같은 과거의 작가들을 그 범주로 끌어들였다고 한다.[2] 쥘 베른과 H. G. 웰스는 자신이 살았을 무렵에 SF라는 명명이 없었으니 당연히 SF를 쓴다는 자각이 없었을 것이다. 《프랑켄슈타인》도 후대에 새로 해석된 SF의 기원이다. 분류가 없었으니 메리 셸리도 SF를 쓴다는 자각이 없었을 것이다. 주인공 빅터 프랑켄슈타인은 매드 사이언티스트 mad scientist의 원형이자 기원으로 해석되지만, 그가 창조되었던 1818년에는 세상에 아직 '과학자 scientist'라는 말이 없었다. 그렇기에 이 소설에는 과학자

---

* 처음에는 science fiction이 아니라 scientifiction이었다.

라는 말이 나오지 않는다. 빅터 프랑켄슈타인 본인도 자신이 과학자라는 자각이 없었을 것이다.

일전에 나는 마거릿 애트우드의 에세이집 《나는 왜 SF를 쓰는가》를 읽고 몹시 유쾌해졌다. 애트우드는 자신이 SF를 쓴 적이 없다고 믿고 살다가, 어슐러 K. 르 귄이 "애트우드는 SF의 본보기라고 불릴 만한 소설을 쓰면서도 자신의 작품이 SF로 불리기를 원치 않는다"[3]며 투덜거리는 것을 듣고는 만나서 심도 깊은 토론을 한 뒤 "아이고, 내가 SF를 썼구나!" 하고 뒤늦게 자각한다.

애트우드는 덧붙여 설명한다. 자신은 원래 신화와 전설과 민담을 좋아했고, 유토피아와 디스토피아를 상상하기를 좋아했다. 하지만 현대에 이런 이야기를 하려는 소설가는 곤란한 문제에 직면한다. 과거에는 환상의 나라에 이르려면 배를 타고 바다로 나가 다른 섬에 가기만 하면 되었다. 토마스 모어는 《유토피아》에서 그렇게 했다. 하지만 지구상의 모든 섬이 다 알려지고 나자, 소설가는 하늘이나 땅속이나 해저로 방향을 틀 수밖에 없었다. 조너선 스위프트가 《걸리버 여행기》에서, 쥘 베른이 《지구 속 여행》과 《해저 2만 리》에서 그렇게 했다. 하지만 결국 하늘과 바다와 땅속도 속속들이 알려지고 말았다. 이제 소설가는 어쩔 수 없이 우주로 나가야 한다. 이는 SF에 속한다. 우주도 속속들이 알려지고 난 지금은 평행세계와 가상현실을 이용한다. 현대인은 한때는 전설과 민담에 속했던 괴생물을 소재로 쓰려 해도 유전자 돌연변이나 바이러스를 필요로 한다. 이 또한 SF에 속한다. 현대가 글쓰기를 SF로 수렴하게 하는 것이다.[4]

우선 그대의 글을 쓰라

나 스스로 SF라는 자각 없이 글을 쓰기 시작해서인지, 나는 SF를 딱히 좋아하지 않거나 아직 SF 기법에 익숙하지 않은 작가가 SF라는 틀에 제 소설을 억지로 끼워 맞추려 한 글을 보면 불편함을 느끼곤 한다. '왜 이렇게 썼을까?' 싶다. '이 사람은 다른 장르로 훨씬 더 좋은 글을 쓸 수 있을 텐데.'

당신은 분명 SF 글쓰기에 관심이 있어서 이 책을 집어 들었을 것이다. 하지만 나는 당신이 'SF를 쓰고 싶다'는 마음만으로 글쓰기를 시작하지는 않기를 바란다. 그것은 소설을 쓰는 목적으로는 부족하다. 'SF'는 종잡을 수 없는 개념이기 때문이다. 종잡을 수 없는 것을 목표로 삼으면 종잡을 수 없는 것이 나온다. '소설을 쓰겠다'도 마찬가지로 소설을 쓰는 목적으로는 부족하다. '소설'도 마찬가지로 종잡을 수 없는 개념이라서다. '메시지를 전하겠다'도 마찬가지다. '메시지'는 종잡을 수 없는 개념이므로, 이를 의도하면 종잡을 수 없는 것이 나온다.

우선 나의 당신의 글을 쓰라.

무엇이 당신의 글인가.

오늘 당신은 무엇을 쓰고 싶은가.

당신의 수명이 일 년쯤 남았고 남은 생에 딱 한 편의 글만 낼 수 있다면 오늘, 바로 지금 무엇을 쓰고 싶은가.

SF도 다른 소설과 마찬가지로 분명하고도 구체적이고 실체가 있는, 개인적인 관심사를 다룬다. H. G. 웰스나 아서 C. 클라크는 명확하게 미래학자였지만 오히려 그런 사례는 드물다(보통 미래학자는 소설 같은 것을 쓰지 않는다). 내가 〈0과 1사이〉를 썼을 때, 내 명확하고도 분명한 관심사는 내 학창시절의 재현이었다. 나는 과거의 한국을 현재로 가져오기 위해 시간여행을 이용했고 이 기법은 SF에 속한다. 로저 젤라즈니는 《신들의 사회》에서 고대의 영웅신화를 현대적으로 다시 썼고 이는 SF에 속한다. 어슐러 K. 르 권은 《빼앗긴 자들》에서 아나키즘적인 공동체 사회에 대한 사고실험을 했고 이는 SF에 속한다. 도리스 레싱은 《다섯째 아이》에서 괴물을 임신하는 여성을 통해 출산의 공포를 그렸는데, 이는 SF에 속한다. 카렐 차페크는 《로숨의 유니버설 로봇》에서 노동자의 기계부품 같은 삶을 비유하려 기계인간을 만들었는데, 이는 SF에 속한다. 스티븐 킹에게 왜 공포소설을 쓰느냐고 물으면, 아마 적절하고도 세련된 답은 해주겠지만 본말이 전도된 질문일 것이다. 킹은 메인주 어느 시골 마을의 구체적이고 내밀한 생활상에 관심이 있었고, 그 내밀함에 공포가 있었다.

  무엇이 당신의 당면한 관심사인가.
  무엇이 당신을 웃고, 울고, 설레게 하는가.
  그것을 표현할 적절한 방법이 SF에 속한다면 SF를 쓰라. 그렇지 않다면 그저 자유롭게 쓰라. 아마도 SF라는 폭넓고 너그러운 장르는 그대의 자유로움을 포용할 수 있을 것이다. 만약 그대가 한껏 자유로워진다면 그 글은 어쩌면 SF에 가까워질지도 모른다.

  작품을 해석하거나 비평할 때도 마찬가지다. SF라는 범주로만 작품을 바라보면 소설이라는 실체가 사라진다. 앞서 비유했듯이, 내가 한국인이라는 이유로 내 생각과 행동을 한국인의 특성에 맞추어 해석하려는 시도와 같다. '한국인'은 종잡을 수 없는 개념이므로 종잡을 수 없는 결론이 나온다. 한국인은 나를 일부 설명하지만 대체로는 설명하지 못한다. 듀나 작가의 《태평양 횡단 특급》 초판 해설을 보면, 해설자가 듀나의 소설과 자연과학을 연결시키려 땀을 뻘뻘 흘리는 풍경을 볼 수 있다. 자연과학이 듀나의 소설을 일부 설명할 수는 있겠으나, 그보다 더 확연히 드러나는 작가의 특징인, 퀴어와 페미니즘, 철학과 대중문화, 대중예술에 대한 애정을 다루는 분석은 당시에 찾아보기 어려웠다.

언젠가 "요즘 한국의 SF는 사회와 현실에 관심을 많이 두는 것 같아요"라는 말을 들은 적이 있다. 나는 그렇게 생각하지 않는다. SF는 소설이므로 여타의 소설이 하는 만큼은 태초부터 지금까지 그래 왔듯이, 앞으로도 언제나 사회와 현실에 관심을 가질 것이다. 단지 예전에는 SF를 SF의 범주로만 해석하느라 SF가 소설이라는 기초적인 사실에 주목하지 않은 것이다.

이런 어긋남은 SF가 이토록 널리 알려진 오늘날에도 여전히 SF에 대한 대중의 이해가 크지 않은 데서 온다. 그렇기에 나도 이를 한번 짚고 넘어갈 필요를 느낀다. 아마 이런 말은 계속될 것이다. 판타지의 거장 어슐러 K. 르 귄이 여든세 살에도 "모든 소설은 문학에 속한다"며, 장르소설도 마찬가지로 문학임을 짚어준 바 있듯이.[5] 무협의 거장 김용이 일흔여덟 살에도 "무협소설 또한 사람을 그린다는 점에서 다른 소설과 다를 바가 없다"고 짚어주어야 했듯이.[6]

그렇다고 SF가 여타의 창작과 차이가 없다고 말하려는 것은 아니다. 글이 좋기만 하면 무조건 좋은 SF일 수 있다고 말하려는 것도 아니다. 좋은 글이 좋은 SF가 아닐 때는 많다. SF가 확연한 특징이 있는, 다른 장르라서다.

단지 다르다는 막연한 인식만 있을 뿐, 무엇이 어떻게 다른가에 대한 대중의 이해는 아직 깊지 않은 듯하다. 이에 대해서는 이 책에서 향후 천천히 짚어보고자 한다.

왜 내가 쓴 글은 잘 쓴 것 같을까

어릴 때 우편 강좌로 초상화를 배우며 들은 말이 있다. "대부분의 사람은 코를 실제보다 길게 느낀다"라는 말이다. 실제로 사람의 코 길이는 콧방울 너비와 같다. 떠올릴 때마다 그럴 리가 있나 싶은 사실이다.

이 장에서는 이 기억에서 시작하여 인지심리, 지각심리 등 인지과학에 근거한 창작론을 소개해보고자 한다. 조금은 SF……적이려나?

사람은 기본적으로 세상을 왜곡해서 본다

그림을 잘 그리는 사람에게 "어떻게 그렇게 잘 그리느냐"고 물으면 아마도 "눈에 보이는 대로 그릴 뿐이다"라고 답할 것이다. 때로 그들은 '종이 위에 나타난 그림을 따라 그릴 뿐'이라고도 한다. 하지만 그림을 배우지 않은 사람이 얼굴을 그리면 이목구비 비례가 엉망이 되기 쉽다. 보이는 대로 그리면 될 것 같은데 어째서일까?

베티 에드워즈의 그림 그리기 입문서 고전인 《오른쪽 두뇌로 그림그리기》에 따르면, 이는 두뇌가 얼굴 각 부위를 중요도에 따라 다른 크기로 인식해서다.[7] 대부분 사람은 눈과 입을 실제보다 크게 생각한다. 사람을 구별하는 데 중요한 부위라서다. 또 많이들 눈이 머리 꼭대기에 있다고 착각하는데, 이는 이마에서 정수리까지가 중요하지 않은 부위라 시야에서 사라지기 때문이다. 실제로 눈은 머리 정중앙에 있다. 그렇게 눈과 입의 사이가 멀어지면서 코는 길어진다. 실제로는 머리 뒤에 붙은 귀도 중요하기에 앞으로 튀어나와 있는 듯 느껴진다. 그래서 처음 인물을 그리는 사람은 흔히 거대한 이목구비를 접시처럼 납작한 얼굴 가득히 배치한 뒤, 젓가락처럼 가는 목에 자그마한

몸과 팔다리를 붙여놓는 것이다.

에드워즈에 따르면 사람이 그림을 잘 못 그리는 이유는 우리가 기본적으로 세상을 왜곡해서 보기 때문이다. 실상 우리가 본다고 믿는 정보의 40퍼센트만이 눈으로 들어온 정보이며, 나머지 60퍼센트는 기억으로 채워진다고 한다.[8] 말하자면 '인간이 정확히 볼 수 있다면 그림을 그릴 수 있다'[9]. 그러니 정확히 보려면 기억을 걷어내야 한다. 에드워즈는 그러기 위해 그림을 '낯선' 형태로 바꿀 것을 제안한다. 그림을 거꾸로 놓고 따라 그리거나, 전경이 아닌 여백을 보며 그리면 이전보다 정확하게 그릴 수 있다고 한다. 관심 있다면 시험해보기 바란다.

흥미롭게도 나는 상담사인 친구에게서 비슷한 말을 들은 적이 있다. 그 친구는 "사람은 기본적으로 타인을 왜곡해서 본다. 만약 내가 눈앞에 있는 사람을 왜곡하지 않고 정확히 볼 수 있다면 그 순간 상담은 완료된다"고 했다. 우리가 타인을 볼 때 그 사람 자체가 아니라 자신의 체험과 기억을 본다는 뜻이다. 그의 말에 따르면, 상담이란 상담자가 그런 왜곡을 지우고, 자신의 체험에서 생겨난 편견을 지우고, 사람을 있는 그대로 보려 애쓰는 과정이다. 그러므로 상담이란 내담자가 아니라 상담자 자신을 치료하는 일이라고도 한다.

그러면 글은 어떨까?

마찬가지로 사람이 글을 잘 쓰지 못하는 이유도 자기 글을 왜곡해서 보기 때문일까? 만약 이런 편견을 걷어내고 제 글을 잘 볼 수 있다면 잘 쓸 수도 있을까?

내가 알기로 사람은 많이들 좋은 작품과 나쁜 작품을 구분해낸다. 작가의 재능이 없어도 그렇다. 더해서 "아, 그 장면은 이렇게 썼어야지!" 하면서 괜찮은 개선점까지 찾아내기도 한다. 하지만 거의 모두가 가진 이 천부적인 재능은 제 글을 볼 때만 귀신같이 사라진다. 어째서일까.

자신이 쓴 글은 잘 쓴 것처럼 보인다
― 쓰지 않은 글의 환영이 보이므로

다음은 처음 글을 쓰는 사람에게서 흔히 나타나는 글의 패턴 중 하나다.

"앗, 아침이다. 학교 가야지."
"얘, 밥 먹고 가야지."

"네, 영희야, 안녕."

나는 학교에 도착했다. 날은 선선했고……

나는 글쓰기 워크숍에서 몇 번인가 이와 비슷한 원고를 앞에 놓고 물어본 적이 있다. "여기는 어디죠?" "누가 말하는 거죠?" "지금 주변에 뭐가 보이나요?" "날씨는 어떤가요?" "계절은?" "건물은 어떻게 생겼죠?" 놀랍게도 많은 경우 이들은 내 질문에 막힘없이 답했다. 풍경의 세세한 묘사는 물론, 인물의 외모와 옷차림이며 온갖 상세한 설정을 조금도 당황하지 않고 술술 풀어냈다. 내가 다 듣고 나서 "지금 답한 것을 전부 이 원고에 써주세요"라고 말하면, 그제야 "어? 아, 네." 하고 당황하곤 했다. 그리고 며칠 만에 상당히 그럴듯해진 원고가 돌아왔다. 그 사람은 글을 쓸 능력이 없었던 것이 아니다. 자신이 쓰지 않은 글의 환영을 종이 위에서 보았을 뿐이다. 문장과 문장 사이를 채운 묘사를 이미 읽었기에 굳이 쓰지 않은 것이다.

이 가상의 인물을 비웃지 않았으면 한다. 이는 처음 글을 쓰는 사람에게서 흔히 나타나는 현상이다.

미국의 글쓰기 문화를 혁신했다고 평가받는 글쓰기 교육자 조셉 윌리엄스는 사람이 자신의 글을 다듬지 못하는 것은 '시간이 없어서가 아니라 기억이 너무 많아서'[10]라고 했다. 자기 글에서 문자가 아닌 자신의 기억을 보는 것이다.

언어는 흔히 생각하듯이 객관적인 도구가 아니다. 사람마다 다른 의미로 이해된다. 작법 컨설턴트 리사 크론의 책에서는 '짖어대는 개'라는 단어를 제시하는 한 인지과학자의 실험이 소개된다.[11] 이 짧은 단어에서 사람들이 연상하는 상황은 제각각이다. 흉포한 개가 공격하며 짖기도 하고, 간식을 달라며 어린 강아지가 행복하게 꼬리를 흔들며 쫓아오기도 한다. 때로는 슬픔에 우는 강아지가 떠오르기도 한다. 같은 단어를 사람마다 다른 이미지로 읽는 까닭은, 우리가 글자에서 자신의 기억을 같이 보기 때문이다.

같은 글에서 사람은 저마다 다른 기억을 보지만, 자신이 쓴 글에서 보는 것은 누구도 아닌 바로 자기 자신의 기억이다. 그렇기에 글쓴이는 '자신이 독자가 읽어주기를 바라는 정확히 그 방식으로만'[12] 읽는다. 마치 글쓴이의 영혼의 동반자처럼(당연히, 같은 영혼을 가졌으니) 행간과 숨겨진 맥락을 읽고, 쓰지 않은 설정을 읽어낸다. 하지만 독자에게 글은 단순히 종이 위의 문자일 뿐이다.

글의 문제는 그림의 경우보다도 훨씬 더 깨닫기 어렵다.

그림은 시각에 의해 직관적으로나마 이상하다는 느낌을 받을 수 있지만, 글은 언어로만 이루어져 있기에 훨씬 더 집요하게 왜곡된다.

세상에는 글을 잘 쓰는 사람도 많지만, 의외로 문장을 이해할 수 있는 수준으로나마 쓰는 사람도 많지 않다. 그래서 작가가 직업으로 존재할 수 있는 것이며, 반대로 도무지 읽을 수 없는 문장으로 가득한 책도 출판되곤 하는 것이다.

많은 사람이 자기가 말을 할 수 있으므로 글도 쓸 수 있다고 믿는다. 하지만 실제 입말은 실수와 비문, 앞뒤가 맞지 않는 문장으로 가득하다. 그래도 우리가 문제없이 대화할 수 있는 까닭은 의사소통에서 언어가 차지하는 비중이 생각 이상으로 낮기 때문이다. 언어가 소통에서 차지하는 비중은 35퍼센트 정도며[13] 학자에 따라 7퍼센트에 불과하다고[14] 보기도 한다. 나머지는 표정, 눈빛, 몸짓, 목소리, 어조, 분위기 같은 비언어적인 소통으로 채워진다. 우리는 눈앞에 있는 사람의 "아니, 싫어." "그래, 좋아." 같은 말에 담긴 복잡한 뜻을 쉽게 이해한다. 하지만 글은 종이 위의 기호일 뿐이다. 비언어적인 정보가 없다. 그야, 언어니까.

사람이 말을 할 수 있어도 글은 잘 쓰지 못하는 이유다.

글을 명확하게 전달하려면 비언어적인 감각의 동원이 필요하다. 비유와 은유는 글을 아름답게 하기 위해서만이 아니라 명료하게 전하기 위해서도 필요하다. 개는 야수처럼 짖거나 종달새처럼 짖어야 한다.

윌리엄스의 이론에 따르면, 글쓰기의 기본은 독자가 나와 다른 타인이라는 점을 이해하는 것이다. 내가 살아오며 얻은 경험과 지식, 내가 상식이라고 믿는 모든 것이 내 글을 읽는 사람에게는 다 헛소리일 수 있다.[15] 독자는 내 관심사에 관심이 없으며, 내가 사랑하는 것을 조금도 사랑하지 않고, 내가 당연한 진리라 믿어 의심치 않는 것을 조금도 진리라 생각하지 않는다. 이는 상식적인 일이지만 많은 사람이 믿지 않는 문제이기도 하다.

그러므로 글을 쓴다는 것은 세상이 나와 다르며, 나와 다른 가치관을 갖고 다른 체험을 하며 살아온 낯선 타인으로 가득 차 있음을 이해하는 것이다. 그럼에도 우리가 소통할 수 있고, 서로를 이해할 수 있음을 믿는 것이다. 글을 세상에 내놓는다는 의미는 그러하다.

그렇기에 글을 쓰는 일은 어렵다. 글로 타인의 마음을

움직이기는 더욱 어렵다. 하지만 또 너무 겁먹을 것도 없다. 이는 한편으로는 상식적인 소리고, 많은 이들이 이를 이해하며 글을 쓰고 있다.

실제로 자신의 글을 왜곡해서 보는 현상은 필요하기도 하다. 처음에는 그렇다. 자신의 글이 아름다워 보이지 않는 사람은 아예 글쓰기를 시작하지 않기 때문이다. 그리고 글은 시작하지 않으면 아름다워지지 않는다. 자신의 글을 정확히 볼 줄 알았던, 그렇기에 남들보다 재능이 있었던 많은 사람이 지금 작가가 아닌 일을 하며 살고 있을 것이다. 대신 꿈에 부푼 낙천적인 몽상가들이 이 일에 쉽사리 덤벼들었을 것이다. 그러므로 왜곡은 당신이 작가의 꿈을 꾸기 위해 필요하지만, 일단 시작했다면 줄일 필요가 있다. 모순적이지만 그렇다.

독자의 눈으로 전환하는 법
― 낯설게 하기

결국 글을 잘 쓰려면 글쓴이가 독자의 눈을 가져야 한다. 방법은 많다. 여러 작법서가 이에 대해 말한다. '글을 완성하면 바로 내지 말고 묵혀두었다 보라'는 충고는 흔하다. 그래야 그 글을 쓰면서 생겨난 많은 기억이 조금이나마 사라지기 때문이다.

마감이 코앞이라 그럴 시간이 없다면 '출간 전에 한 명의 독자에게 읽히라'는 충고를 따르자. 그 독자는 작가일 필요도 없으며 솔직하고 호의가 있는 사람이라면 누구라도 좋다. 앞에서 말했듯이 많은 사람이 '그 글이 남의 글이기만 하면' 의외로 쉽게 좋고 나쁨을 알아봐준다. 무라카미 하루키는 '장편을 쓴 사람은 제정신이 아니므로 반드시 제정신인 사람에게 보여주어야 한다'[16]라고 했다. 장편을 쓴 사람은 제정신이 아닐 수밖에 없다. 글을 오래 붙잡고 쓰면 쓸수록 자신의 글에 대한 기억이 커지기 때문이다. 이 작업은 출간하기 전에 한 번은 하는 것이 좋다.

이때 그 독자가 어떤 반응을 보이는지는 크게 중요하지 않다. 칭찬이나 정확한 지적을 들으면 좋긴 하겠지만, 근원적으로는 글쓴이가 스스로 독자의 눈을 갖기 위해 하는 의식이다. 완성하지 않은 남의 글을 읽는 데만도 큰 선의가 필요하니 그저 감사하자.

내 경험에 따르면 때로는 그 사람이 아무 말도 하지 않아도 좋다. 메일의 보내기 버튼을 누르는 순간, '이제 누가 내 글을 보겠군.' 하는 생각이 뚜렷해지며 내 글에서 환영이 벗겨진다.

딱히 친구도 없고 여전히 마감은 코앞이라 내용을 잊어버릴 시간도 없다면 자신의 글을 어떻게든 낯선 형태로 만드는 것도 좋다. 많은 작가가 전자기기로 쓴 글을 종이로 출력하여 검토한다. 문서의 겉보기 모습만 달라져도 글이 낯설어지며 보이지 않던 문제가 보인다. 출판계에는 '수백 번을 봐도 보이지 않던 오타가 제본을 하는 순간 나타난다'라는 속설이 있는데, 문서의 형태가 바뀌어 글이 낯설어지기에 일어나는 현상으로 볼 수 있겠다. 종이로 출력하여 보기도 어렵다면 단순히 편집을 다르게 하거나 다른 기기로 보기만 해도 도움이 된다.

글을 소리 내어 읽는 것 또한 많은 작법서가 추천하는 방법이다. 음성으로 바뀐 글은 낯설어지는 동시에 직관적이 된다. 읽다가 숨이 차면 들여다보자. 잘 쓴 글은 음악처럼 흐르고 못 쓴 글은 단락마다 끊어진다. 텍스트를 음성으로 읽어주는 프로그램마저도 도움이 되니 도와줄 이가 없다면 시험해보기 바란다. 비문이거나 리듬이 좋지 않은 문장은 기계도 허덕인다.

혹시 글을 많이 쓰다 보면 자신이 쓴 글을 왜곡하지 않고 볼 수 있게 될까? 내가 알기로 왜곡이 줄기는 해도 사라지지는 않는다. 그래서 세상에는 편집자가 있는 것이며, 아무리 많이 쓴 작가의 글이라도 반드시 편집자의 눈으로 교정하는 시스템이 돌아가는 것이다. 사람의 두뇌는 어찌나 고집스러운지, 자신의 글에서 비문을 고쳐 멀쩡하게 만들고, 없는 조사를 붙여주고, 단어를 교묘하게 다른 것으로 바꾸어 매끄러운 문장으로 고쳐서 보여준다.* 이런 것들은 운 좋게도 당신이 출판할 기회를 얻었다면 훌륭한 편집자들이 꼼꼼히 찾아내준다. 이 글도 물론 그럴 것이다.

---

* 물론 안 그런 사람도 있을지 모른다. 로버트 A. 하인라인은 퇴고 없이 한 번에 소설을 완성했다고 한다. 하지만 나를 포함해 우리 대부분은 하인라인이 아니다.

아이디어란 (도대체) 무엇인가

행사를 하다 보면 꼭 한 번씩은 받는 질문이 있다.

"소설 아이디어를 어디서 얻으세요?"

나는 맨 처음 그 질문을 받았을 때 몹시 당황했다. '뭐? 아이디어? 그런 걸 왜 물어보지?' 나는 머뭇머뭇하다가 "아이디어는 하나도 중요하지 않아요." 하고 답했다. 답을 들은 사람이 미심쩍어하는 바람에 "그건 어떻게 시작하는가의 문제잖아요. 어떻게 끝내는가가 훨씬 더 중요해요." 하고 부연했다. 역시 미심쩍어했다.

하지만 계속 같은 질문을 받다 보니 '내가 아이디어를 어디서 얻더라?' 하고 스스로 되묻게 되었다. 그래도 딱히 떠오르는 답이 없었다. 왠지 사람들은 뉴턴의 머리를 사과가 강타하는 에피소드 같은 재미있는 일화를 원하는 듯했다. 하지만 그런 게 있을 리가. "소설 아이디어가 얼마나 있나요?" 하는 질문을 받을 때도 있다. 그러면 또 몹시 당혹스러운 심정으로 "산더미처럼 많아요." 하고 답하기도 했다. 그러면 물어본 사람은 "우와, 산더미처럼 많대!" 하고 흥분하곤 했다. 아, 뭔가 이것도 아닌 것 같다.

아이디어란 (도대체) 무엇인가?

게임 업계에 있었을 때의 일이다. 팀원들이 내가 너무 느리게 쓴다며 원성을 내기 시작했다. 어느 날 팀원 몇 명이 그까짓 것이 뭐 그렇게 힘드냐며 잠시 회의실에 들어가더니 환한 얼굴로 나왔다. 두 시간 사이에 새 게임의 아이디어와 줄거리가 전부 나왔다는 것이다. 그러면서 나를 한심해하는 얼굴로 쳐다보며 방글방글 웃었다.

팀장은 이야기가 다 나왔으니 대사만 입히면 된다면서 팀원 누군가에게 일을 맡겼다. 그 사람도 방글방글 웃으며 일을 시작했다.

나는 그 사람이 일하는 모습을 유심히 지켜보았다. 그 사람은 회사에 오자마자 일단 한글 워드프로그램을 켰다. 그리고 십여 분간 화면을 바라보다가 갑자기 정신 나간 사람처럼 게임을 켰다. 그리고 몇 시간을 눈동자도 움직이지 않고 게임을 하다가 도로 한글 파일을 켰다. 다시 십여 분간 화면을 바라보던 그 사람은 다시 게임을 켰다……. 그런 식으로 미지의 공포에 휩싸인 사람처럼, 무엇에 홀린 사람처럼 게임만 하다가 집에 갔다. 수개월 뒤, 최초의 한 장짜리 줄거리는 겨우 두 장으로 늘어났을 뿐이었다. 출시가 임박하자 팀장은 내게 그 두 장짜리 줄거리를 주면서 말했다. "뼈대는 다 있으니 살만 붙이면 되지?"*

……아이디어란 무엇인가?

신인 시절 나는 과학자들의 보고서에 시나리오 붙여주는 아르바이트를 한 적이 있다. 과학자들이 앞으로 개발할 과학기술에 대한 보고서를 작성하면, 내가 그 기술을 활

---

* 살짝 양념 섞어 왜곡한 일화 공개에 용서를 빈다. 혹시나 해서 말하지만 이런 일은 재미있는 일화에 속한다. 정말 비극적인 일화는 밤낮을 가리지 않고 일했는데 월급이 나오지 않고, 사장이 통사정하며 다음 달에는 꼭 주겠다고 해서 한 달을 더 버텼는데 또 월급이 나오지 않고, 다시 한 달만 더 하자고 했는데 또 월급이 나오지 않는 일 같은 것이다.

용하는 한 장짜리 짧은 소설을 붙여주는 일이었다. 한 번은 의뢰가 들어왔는데, 스무 개의 과학기술로 스무 편의 소설을 만드는 일이었다. 주어진 시간은 한 달이었다. 주말을 제외하면 매일 오전에 새 과학기술을 공부해 파악한 뒤 오후에는 한 장짜리 소설을 완성해야 하는 셈이었다.

보름쯤 지나 의뢰한 곳에서 연락이 왔다. 아이디어가 다 있으니 쓰기만 하면 되는데 뭐가 이렇게 오래 걸리느냐는 불평이었다. 나는 일단 작업을 끝내고는 그 일을 그만두었다. 의뢰한 곳에서는 투덜대며 더 빨리 쓰는 다른 사람을 찾겠다고 했다.

그러다 몇 달 뒤에 연락이 왔다. 새 사람을 찾아서 일을 맡겼는데 도저히 못 쓸 작업물이 들어왔다는 것이었다. 돈을 두 배로 줄 테니 일을 다시 하지 않겠느냐고 했다. 못하겠다고 했다.

……아이디어란 (도대체) 무엇인가?

작가라면 대개 경험이 있겠지만, 나도 누군가에게서 '나에게 훌륭한 아이디어가 있는데 당신쯤 되는 사람이 작업만 하면 세기의 베스트셀러가 될 것'이라는 연락을 받은 적이 있다. 나는 그 사람에게 "아이디어는 아무 의미가 없고, 다른 사람의 아이디어로 소설을 쓸 수도 없다"라고 답했다. 조금도 이해하지 못하는 듯했다.

아이디어란 (정말로 도대체) 무엇인가?

아이디어는 무수하고 무의미하다

어슐러 K. 르 귄의 에세이집 《세상 끝에서 춤추다》에는 〈"아이디어는 어디에서 얻으시나요?"〉라는 장이 있다. 여기서 르 귄은 사람들에게 두 가지 신화가 있다고 했다. "어떤 비밀을 배울 수만 있다면 작가가 될 수 있다"와 "이야기는 아이디어에서 출발한다"는 신화라고 한다.[17] 르 귄은 둘 다 사실이 아니라고 했고, 자신은 아이디어가 무슨 의미인지 모르겠다[18]고 했다.

J. 마이클 스트라진스키는 《스트라진스키의 장르문학 작가로 살기》에서 "당신의 아이디어를 원하는 사람은 없다"[19]고 말한다. 작가는 남의 아이디어를 원치 않고 방송사와 영화사를 포함하여 그 누구든 마찬가지다. 아이디어는 그 자체로는 아무 쓸모가 없다.[20]

나는 매년 '소설 메모' 파일을 새로 만든다. 그 파일에는 틈날 때마다 새 메모가 채워진다. 때로 나는 아이패드나 핸드폰, 수첩에 메모하고 많은 아이디어가 그 자리에서 잊힌다.

나는 스트리밍 서비스에 가입하려다가, 문득 이 서비스가 무료로 풀리면 좋겠다는 상상을 한다. 그리고 '어쩌다 그렇게 되었을까' 생각한다. 왜냐하면 내일 지구가 멸망한다는 사실이 밝혀졌기 때문이다. 단 하루 동안 모든 콘텐츠와 공연이 무료가 되었다. 오타쿠들이 내일 죽게 생겼는데 가족이나 만나고 있을 리가 있는가! 시간표를 꽉 채워 죽기 전에 볼 영화와 공연 목록을 만들고, 가수와 배우들이 다투어 마지막 공연을 연다. 전기와 인터넷은? 당연히 그쪽 직원들도 오타쿠고……. '그런데?' 나는 '그런데?'에서 생각을 멈추고 스트리밍 서비스에 가입한다.

트위터(현 엑스X)를 열었다가 내 트위터 친구가 비밀 계정과 대화를 나누는 모습을 본다. 무슨 말을 하는지 궁금해진다. 나는 저 비밀 계정이 돌연 공개로 풀리는 상상을 한다. 트위터 서버 오류로 모든 비밀 계정이 풀린 것이다. 정치인과 연예인에서부터 평범한 사람까지, 모두의 숨겨진 취미와 부끄러운 모습이 온 천하에 드러나는데……. '그래서?' 나는 '그래서?' 다음에 더 생각하지 않고 다음 트윗을 읽느라 몽상을 멈춘다.

밥을 먹으려고 냉장고를 열려다가 문득 '이 안이 텅 비어 있다면' 하고 상상한다. 나는 '그런데 어쩌다가 텅 비었을까?' 하고 궁금해한다. 이어서 '세상의 용량이 부족해서인가 보다.' 하고 생각한다. 그렇다면 나는 지금 가상세계에 들어온 모양이다. '그런데 어쩌다 들어왔을까?'까지 생각하다가 냉장고 문을 연다. 안이 멀쩡한 것을 보고 나는 '훗, 누가 냉장고를 열려는 내 시도를 파악하고 안을 채워 넣었군.' 하고 생각한다. 이 몽상은 〈껍데기뿐이라도 좋으니〉라는 제목의 초단편이 되었다.

이런 상상이 어디서 나왔다고 설명할 수 있을까? 무엇에 영향을 받았기는 한 걸까? 영향을 받았다 한들 특정할 수 있을까?

나는 일상을 몽상 속에서 산다. 걷다가도 몽상하고 밥을 먹다가도, 인터넷을 하다가도, 목욕하다가도, 잠이 안 와 뒤척이는 사이에도 몽상한다. 다 매일 하는 일이니 몽상도 매일 한다. 내가 작가가 되지 않았다면 종일 딴생각만 하느라 주변의 걱정을 사는 한심한 사람이 되었을 것이다. 실제로 그런 사람이었다. 나는 몽상에 빠져 사느라 일상의 많은 일을 깜박깜박한다. 몽상의 체험이 일상의 체험보다 더 생생하여 일상을 기억하기가 훨씬 더 어려울 때도 있다. 다행히도 작가가 되는 바람에 나는 '오, 꼭 작가 같네요.' 하는 격려와 칭찬 속에서 산다.

내게 아이디어는 어쩌다 생겨나는 특별한 사건이 아니다. 주위에 널린 자갈 같은 것이다. 위에 기술한 세 아이디어 중 하나만 소설로 쓴 것은 그 아이디어가 특별히 더 좋아서일까? 그렇지 않다. 무엇이든 집고 썼으면 마찬가지로 비슷한 수준의 소설이 되었을 것이다.

나는 그리 많이 쓰지 않은 작가이고, 누군가 전에 세어보니 데뷔 후 일 년에 평균 중단편 한두 편을 썼다고 한다. 하지만 몽상은 매일 하니, 나는 실상 수십 가지 아이디어 중 하나를 선택해 소설을 쓰는 셈이다.

작가에게 아이디어를 주려는 사람들에게 묻노니, 내게 아이디어를 제공하는 것에 대체 무슨 의미가 있겠는가?

당신은 늘 소설 첫 부분의
아이디어만을 말한다

작가에게 아이디어를 제공하는 것에 의미가 없는 이유

는 또 있다.

사람들이 '아이디어'라고 말할 때, 그들이 떠올리는 것은 늘 '이야기를 시작하는' 부분의 아이디어다. 그 이유는 대부분의 사람은 소설을 쓰지 않기 때문이며, 아직 쓰지 않은 사람은 일단은 첫 부분을 떠올리기 때문이다. 아직 아무것도 안 썼는데 결말을 떠올리기는 어렵다.

이 부분에 아이디어가 필요하기는 하지만 ↓	여기도 필요하다 ↓	여기도 ↓	모든 곳에 ↓	☆ 여기야말로 진짜 ☆ ↓
소설 시작				끝

하지만 아이디어는 소설의 모든 부분에 필요하다. 내가 무수한 아이디어 중 하나를 잡아 소설을 시작한다 해도, 그 소설을 완결하려면 무수한 아이디어가 새로 더 필요하다. 이 아이디어의 총합은, 물론 소설 그 자체다.

소설의 모든 것은 디테일에 있다. 그 촘촘함에 모든 것이 있다. 소설의 모든 부분이, 그 하나하나 전부 다시없이 중요하다. 모든 날실과 씨실이 교차하는 자리마다 아이디어가 필요하다. 하나의 아이디어는 아무것도 아니다.

'그러면 아이디어를 많이 제공하면 되겠군!' 하는 생각도 부디 내려놓으시라. 당신의 아이디어가 참신해 보이는 이유는 당신 삶의 맥락 때문이다. 타인에게는 그런 맥락이 없다. 타인의 맥락을 따라가는 작업은 고난일 뿐이다. 많이 제공할수록 느는 것은 편의가 아니라 고생이다.

서로의 삶의 맥락을 충분히 이해하는 가족이나 친구 사이라면 가능할 것 같다. 그 또한 양쪽 모두 혼자서도 소설을 완성할 능력이 있어야 할 것이다.

**남에게 주는 아이디어가
도움이 될 때**

다른 사람에게 아이디어를 주는 일이 도움이 될 때도 있다. 당신이 큰 프로젝트 전체를 총괄하거나 월급을 주거나 프로젝트를 좌지우지하는 사람일 때다.

나는 실제로 게임 시나리오를 쓸 때는 늘 다른 사람의 설정과 아이디어로 작업을 했다. 아이디어를 준 사람이 자신이 시나리오를 썼다는 즐거움에 열심히 일하며 내 시나리오 작업에 큰 도움을 주었기 때문이었다. 그 사람이 팀장이나 프로듀서, 대표나 투자자일 때 작업의 원활함은 이루 말할 수 없이 상승한다. 그리고 게임을 완성하는 데에 중요한 것은 프로세스의 원활함뿐이다. 더해서 그 사람이 '아이디어 제공'이라는 형태로 취향과 방향성을 제시하게 하는 것으로, 나중에 작가가 시나리오를 내밀었을 때 "후, 나는 아기 때부터 우주만 나오면 몸서리를 쳤어." 같은 말을 하며 원고를 내던지는 사태도 막을 수 있다. 나만 그렇게 일하는 것이 아니라 보통 그렇게들 일한다.

지금도 많은 시나리오 작가들이 프로젝트의 성공을 위해, 자신에게 아이디어를 제공한 대표나 팀장이나 프로듀서나 투자자를 속이고 있을 것이다. "아이디어는 정말 중요합니다"라고 거짓말을 하면서. 하지만 프로젝트의 성공은 그 무엇보다 중요하다. 진지하게 중요하다. 그러니 그분들에게는 절대로 이 글을 보여주지 않기를 바란다. 행여나 지금 이 글을 읽는 사람 중에 대표나 프로듀서가 있다면 옆을 보기 바란다. 아마도 지금 옆에서 시나리오 작가가 초조한 얼굴로 "아이고, 그 작가가 뭘 모릅니다, 대표님. 대표님의 아이디어는 무엇보다 중요하고 제 시나리오에 큰 도움이 되었어요"라고 말할 것이다. 그분 말이 다 맞습니다, 대표님.

그래도, 아이디어를 얻기

이른바 '곽재식속도'는 6개월에 단편 네 편, 그러니까 한 달 반에 한 편을 쓰는 속도로 알려져 있다[*](실상 곽재식 작가는 2곽재식속도로 썼는데, 그건 회사원일 때고 지금은 4곽재식속도로 쓴다). 곽재식 작가는 이에 대해 "절대 빠르지 않으며, 그 속도로는 절대 생계를 유지할 수 없다"고 말한다. 곽재식 작가의 말은 맞지만 대부분의 작가는 그렇게 쓰지 못한다. 이 직업의 어처구니없는 점이다.

그런데 생각해보자. 그 무시무시한 곽재식속도로 써도 최소한 한 달 반 동안쯤은 소설 하나의 아이디어를 계속 생각하는 셈이다. 하지만 작가가 아닌 사람은 보통 한 달 반은커녕, 하루는커녕, 한 시간 동안 아이디어를 생각하는 일도 딱히 하지 않는다.

아이디어가 안 떠오른다고 말하기 전에 생각해보라.

오늘 얼마나 오래 자신의 마음속에 머물렀는가?

얼마나 생각한 뒤에 '아, 나에게는 아이디어도 없구나,

---

[*] 이것은 곽재식 작가가 실제로 글을 쓰는 속도가 아니라, 듀나 작가가 '아, 이 정도로 빨리 쓰면 곽재식 속도야!'라고 생각하는 속도다. 이상하지만 그렇다. 듀나 작가의 트위터 글에서 비롯되었다.

나는 재능이 없구나.' 하고 포기했는가? 몇 시간? 며칠?

며칠을 고민했어도 생각나지 않았다면 한 달 생각하자. 한 달이 지나도 생각나지 않았다면 일 년 생각하자.

어떻게 일 년이나 생각하느냐고?

당신은 백 살까지 살지도 모른다. 그런데 백 살이 되도록 작가가 되지 못하고 생을 마감할 수도 있다. 일 년이 길어 보이는가? 내가 〈종의 기원담 제3편: 있을 법하지 않은 이야기〉의 결말을 떠올리는 데는 육 년이 걸렸다. 일 년이면 짧은 것이다. 얼마 전 떠오른 아이디어는 데뷔 때부터 고민한 문제였다. 그러면 이십일 년 걸린 셈이다.

아이디어가 번개 치듯이 번뜩이며 머리를 스치는 것은, 마치 오래 외국어 공부를 하다 어느 날 아침 말이 트이는 것과 같다. 그전에는 아무리 공부해도 늘지 않고 제자리만 맴도는 것 같다. 아이디어도 그와 같다. 한순간에 영감이 떠오르는 것 같지만, 그 순간은 이전에 아무것도 떠올리지 못하고 흘려보낸 시간이 쌓여서 오는 것이다.

물론 그 시간이 정말 올까 의심스러울지도 모른다. 하지만 이를 확인할 방법은 계속 생각하는 것뿐이다.

내 생각에 아이디어를 얻는 법은 간단하다. 핸드폰을

치우라. 인터넷도, 텔레비전도 끄고 모든 재미있는 것을 치우라. 때로는 바쁜 일마저도 내려놓고, 심심함과 지루함 속에 빠져 남들이 보기에는 하등 쓸데없고 한심하기 짝이 없는 시간을 보내는 것이다. 나를 즐겁게 하는 것이 내 머릿속 외에는 아무것도 없는 공허한 시간에 잠겨보라(물론 누워 있기만 하면 체력도 나빠지고 엄마에게 등짝도 맞는다. 집안일 하고 몸을 쓰며 생각하자).

작가는 어쩌다 보니 그런 시간을 쌓아온 사람이다. 며칠이 아니라 몇 달, 몇 년, 어쩌면 일생을 쌓아왔다. 그렇게 몽상이 일상을 채우고 나면, 어느 시점에서는 몽상의 기억이 실제 일어난 일보다 생생해진다. 아침에 눈을 뜨자마자 떠오르는 일이 오늘 학교나 직장에서 할 일이 아니라 어젯밤 떠올린, 세상에 없는 이야기의 다음 장면이 된다. 거기서 빠져나오는 방법은 써서 없애는 것뿐이다. 이것은 어떤 사람들이 "작가가 되지 않으면 살 수가 없다"고 말하는 이유다. 허세나 엄살처럼 들리지만 그렇지 않다. 몽상이 일상을 침식해버렸으니 어쩔 수가 없다. '써야 한다'. 자신에게 작가로서의 재능이 있는가, 사람들이 내 글을 좋아해줄까, 글을 써서 먹고 살 수 있는가, 하는 것들은 여기서 오히려 부차적인 문제가 된다.

아이처럼 공부하기

내가 맞게 쓴 것을 편집자가 아무 말 없이 고친 경우가 두 번 있었다. 한 번은 〈지구의 하늘에는 별이 빛나고 있다〉에서였다. 나는 은하계 중심부에 있는 행성에서 본 하늘을 묘사하면서 별이 오밀조밀하게 모여 있어 하늘이 별빛만으로도 환하다고 썼는데, 편집자가 한숨이라도 쉬듯이 그 부분을 고쳐놓고는 표시도 하지 않았다(이론적인 상상이기는 하지만).

두 번째는 칼럼에서 빛의 속도를 넘으려면 질량이 허수여야 한다고 쓴 경우였다. 편집자는 막 인쇄 넘겼다면서 웃는 이모티콘과 함께 "'허수'라고 쓰신 것만 '음수'로 고쳤습니다"라고 했다. 허겁지겁 메일을 보내 관련 자료와 설명까지 곁들어 허수라고 고쳐주었다. 편집자가 허수 질량이 말이 되느냐고 물었다. 나는 음수 질량은 말이 되느냐고 되물었다. 실제로 허수 질량이 말이 안 되므로 우리 우주에서 빛의 속도를 넘을 수 없는 것이다.

그건 내게 꽤 인상적인 기억으로 남아 있다. 내가 맞았든 틀렸든 두 편집자는 내가 쓴 부분에 대한 지식이 없었던 것이 분명하다. 그런데 어떻게 그렇게 확고한 신념으로 수정하고는, 상큼하게 웃으며 '당신의 실수를 고쳐드렸습니다'라고 했을까.

우리는 종종 관심도 없고 공부한 적도 없는 무엇인가에 대해 '알고 있다'고 확신한 채로 살아간다. 그런 확신이 필요하기는 하다. 모르는 것을 일일이 따지며 일상을 살 수는 없다.

하지만 우리는 아는 것만 안다. 모르는 것은 모르는지도 모른다. 우리는 종종 '익숙한 것'을 '맞다'고 착각한다. 앞서 이야기한 그 편집자에겐 '허수'보다 '음수'가 더 익숙한 단어였을 것이다. 그래서 기이한 확신으로 그 단어가 더 맞는 말이라고 믿었을 것이다.

익숙하지 않은 세계를 그려낼 때

당연히 나도 실수한다. 안 할 도리가 없다. 실수는 내 지식의 한계 때문만이 아니라, SF 속 세계가 내가 사는 세계와 다를 때가 많기에 발생한다.

나는 내 소설 《종의 기원담》에서 기온이 낮아 물이 상온에서 얼음으로만 존재하는 세계를 만들었다. 그곳은 유기생물이 없어야 성립하는 세계였다. 나는 지구에서 유기생물이 사라지려면 어떻게 해야 할까 고민하다가 태양 빛을 가려 온도를 낮추는 것이 가장 쉬운 방법이라고 생각했다. 어쨌든 기계생물의 눈에 유기생물이 보이지 않으려면 최대한 물이 없어야 했다. 나는 이 소설에 "섭씨 -80도의 쾌청한 날씨……"라고 써놓고 몇 년을 내버려두었다가 세상에 내놓을 즈음에 황급히 단위를 고쳤다. 섭씨(℃)가 물이 어는점과 끓는점을 기준으로 만든 단위라는 사실이 문득 떠오른 것이다. 물이 존재하지 않는 세상에서 물을 기준으로 삼는 단위를 쓸 리가 있겠는가?

익숙하지 않은 세계를 만들다 보면 이런 문제는 왕왕 일어난다. 말하자면, 섭씨처럼 익숙하고도 사소한 모든 것들에 대해, 그것의 본질이 원래 무엇인가를 다시 검토할 필요가 생겨나는 것이다.

언젠가 친구들과 영화 〈미션 투 마스〉를 볼 때였다. 우주 미아가 되어 날아가는 동료를 구하러 여자가 우주유영을 하는 장면이 전개되고 있었다. 그런데 여자가 중간에 돌아갈 연료를 생각해서 '잔량 51퍼센트'에서 멈추는 것이었다! 모두가 어리둥절해졌다. "쟤 왜 멈춰?"

물체를 움직이기 위해 계속 연료를 공급해야 하는 건 마찰력과 중력이 있는 지구에서뿐이다. 우주 공간이었으니 여자는 처음 출발할 때만 연료를 썼으면 그만이다. 그리고 속도를 0으로 만들려면 속도를 낸 만큼의 연료가 필요하다. 51퍼센트에서 멈추려면 남은 연료를 다 써야 했을 거다. 또 그렇게 한 순간에 멈출 수도 없다.

그 장면 이후로 우리는 영화에 몰입할 수 없었다. 작가와 감독을 신뢰할 수 없게 된 것이다.

이런 상황은 SF 영화를 보다 보면 종종 일어난다. 대자본을 들이고 수많은 과학자의 자문을 받고 수백수천의 사람들이 관여한 작품이, 평범한 시청자들이 보자마자 대뜸 "왜 저래?" 하고 지적할 만한 실수를 하는 것을 볼 때면 기이한 기분이 들곤 한다.

때로는 작가가 틀린 것처럼 보이는 것이 더 깊이 파고

들어가면 그렇지 않기도 하다. 신인이었을 무렵, 나는 한 독자가 《종의 기원담》에 대해 "과학적으로 틀린 곳이 많다"고 평한 것을 보았다. 나는 그 사람에게 메일을 보내 어디가 틀렸는지 말해주면 고치겠다고 했다. 그 사람은 내게 "-80도에서는 어떤 생물도 살 수 없으니 소설 후반에 등장하는 생물의 번성은 불가능하다"고 했다.

그렇지 않다. 지구는 -80도로 통제되는 실험실이 아니다. 태양을 가려도 여전히 지구 내부는 뜨겁기에 화산 지대나 온천 지대처럼 뜨거워지는 곳이 있을 것이고, 위부터 어는 얼음의 특성상 얼음 밑 바다에는 유기생물이 번성하고 있었을 것이다. 로봇이 유기생물을 몰랐던 이유는 그들의 지식과 활동 영역이 제한되어 있었으며, 또한 본인들의 활동으로 유기생물을 계속 죽이고 있었기 때문이다.

한편으로 그 기온까지 내려가는 지구 남극에도 찬란한 생태계가 펼쳐지고 있으며, 그곳에서 짧은 여름 동안 단 하루 만에 자라나 씨를 뿌리고 번성했다가 일 년 내내 잠드는 식물도 있다. 미생물계로 들어가면 또한 많은 저온성, 극한성 생물이 그 온도를 견딘다. -80도의 지구에서 생물이 살 수 없다는 말은 맞는 듯하지만 정확하지 않다.

공부는 아이처럼

'어떻게 과학을 공부하느냐'는 질문을 처음 받은 것은 내가 데뷔한 지 십일 년이 지나서였다.

지금은 종종 듣는 질문이지만 그 전에는 왠지 그런 질문을 들어본 적이 없었다. 그때까지만 해도 다들 내가 소설에 과학적으로 맞는 소리를 했으리라는 기대는 하지도 않고, 문학적인 상징으로 가득한 헛소리를 늘어놓았으리라 믿는 것 같았다. 반대로 나를 좋게 보는 사람들은 내가 타고나기를 과학 지식을 장착한 사람처럼 대했다.

그런데 내게 질문한 그분은 내가 과학을 '공부하고' 있으리라고 가정한 것이다. 현명한 분이었다. 나는 그때 '애들 학습만화로 공부한다'고 했다. 그분은 배를 잡고 웃었다. 농담이라고 생각한 것 같았다. 내가 정말이라며 진지하게 답하자 그분은 정색하고, 이 사실을 사람들이 알면 다들 웃을 거라고 했다.

정말이다. 나는 애들 책으로 공부했다. '앗' 시리즈(주니어김영사)와 '서바이벌 만화 과학상식' 시리즈(아이세움), '신나는 노빈손' 시리즈(뜨인돌)를 보았다. 그 외에 귀여운 제목을 달고 예쁜 그림이 그려진 아이들 책을 어린이 도서관에서 아이들과 같이 보았다.

여러분이 이 말을 비웃을지, 혹은 농담으로 여길지 잘 모르겠다. 내가 한창 게임 시나리오 외주로 먹고살 무렵 SF 게임을 준비하는 회사에 외주 업무를 위해 찾아갔을 때, 직원들 책상마다 《코스모스》나 《우주의 구조》 같은 두꺼운 과학 서적이 꽂혀 있는 것을 본 적이 있다. 그 책들을 보며 언젠가는 이 이야기를 하고 싶다고 생각했다.

물론 당신이 과학을 잘 안다면 상관없을 것이다. 그렇더라도 당신이 무엇이든 모르는 분야를 공부하고자 한다면 이 이야기가 도움이 될 것이다.

만약 당신이 처음 일본어나 중국어를 공부한다고 치자. 맨 처음에 무슨 책을 집을 것인가?

사람에 따라 다르겠지만, 아마도 대개는 글자 읽는 법부터 배울 것이다. 그런 뒤에 그 나라의 한두 살짜리 애들이 볼 만한 동화책을 보며 간단한 인사를 외울 것이다. 그러다가 유치원생이 볼 법한 그림책 같은 것을 볼 것이고, 그 후에 청소년이 볼 만한 간단한 책으로 옮겨갈 것이다. 처음부터 어려운 고전 문학이며 신문이나 뉴스를 보지는 않을 것이다. 그런 책부터 공부하다가 "아아, 나는 언어에 재능이 없어!" 하며 던져버리지도 않을 것이다.

그런데 나이 들어 과학을 공부하는 사람들은 그렇게 한다. 다짜고짜 대학 교수나 볼 법한 두꺼운 책을 사 들고는, 몇 장 읽지도 않고 "아아, 나는 과학에 재능이 없어!" 하며 던져버린다.

이것은 모순적인 사고다. 많은 사람들이 자신을 '과알못(과학을 알지 못하는 사람)'이라고 말한다. 그런데 또 마음 한편에서는 자신이 중고등학생 수준의 과학 지식은 갖추고 있다고 믿는다. 웬만하면 다들 중학교와 고등학교를 나왔기 때문이다. 실제로 배웠고 시험도 쳤기 때문이다. 중력이며 가속도며 열역학이며, 뭐 그런 것들을 배웠고 노트 필기도 했다. 하지만 그건 졸업하면 그저 들어본 적이 있는, 익숙한 무엇이 될 뿐이다. 사람들은 이미 다 잊어버려 모르는 것을, 배운 기억이 있다는 이유만으로 '안다'고 믿는다. 그렇기에 입으로는 '과알못'이라고 말하면서 그렇게나 어려운 책을 집어 드는 것이다.

좀 복잡한 문제지만, 나는 이 나라에서 '앎'이 지나치게 큰 권력으로 작용하기 때문이라고 본다. 한국은 상대평가의 나라다. 우리는 많이 아는 사람이 과도하게 떠받들리고, 모르는 사람은 과도하게 모욕당하고 괄시받는 것이 당연한 환경에 오랫동안 노출된 채로 배우고 성장했다.

그렇게 자라면 성인이 된 뒤에도 '모르는' 것에 접근하길 꺼리게 된다. 제 신분을 자각하는 일이며, 고통에 직면하는 일이기 때문이다. 반대도 마찬가지다. 이미 '높은 신분'을 차지한 이들은 이미 잘 구축된 지위의 환상을 지키기 위해 모르는 것에 접근하지 않는다. 그러면서 자신이 공부하지도 않은 영역에 대한 혜안이 있다고 으스대며 산다. 결론적으로 둘 다 책을 보지 않는다.

하지만 우리는 배운 것을 다 기억하지 못한다. 내 직업이나 일상에서 쓰이지 않는 지식은 날아간다. 당연한 일이다. 블루칼라에서 화이트칼라까지, 생계를 위한 대부분의 직업은 노하우와 전문성을 필요로 한다. 뇌는 최대한의 효율을 추구하는 기관이므로 필요하지 않은 것은 미련 없이 삭제한다. 망각은 그대가 열심히 살아온 결과다.

다 비우고 생각해보자. 만약 당신이 지금껏 살면서 단 한 번도 과학을 공부한 적이 없다면 오늘 무슨 책을 집을 것인가.

아동용 책으로 공부하기의 장점

아동용 책으로 공부하는 것이 도움되는 이유는 다음과 같다.

1) 아이도 이해할 수 있게 설명이 잘 되어 있다

농담 같지만 중요하다. 어차피 하는 공부다. 쉽게 하자. 공부가 어렵고 고통스러운 것이라는 생각은 경쟁교육이 주입한 거대한 거짓말 중 하나다. 지금 읽는 책이 어렵다면 내가 잘못한 것이 아니라 책이 잘못한 거다. 덮고 얼른 쉬운 책으로 내려가자. 유아용으로 내려가도 상관없다.

세계에서 가장 똑똑한 대학자라도 자신이 공부한 분야 이외의 것을 알 방법은 없다. 빨리 익힐 수는 있어도 안 본 시점에서는 모른다.

무슨 책을 읽든 무슨 상관인가. 당신이 지금 쓰려는 것의 바닥과 기본을 아는 것이 중요하다. 더해서 아이들이 이해할 수 있는 언어로 공부하면, 대중이 이해할 수 있는 언어로 말하는 데도 도움이 된다.

2) 정설을 알 수 있다

과학에는 인문학과는 달리 명확하고 완전한 단 하나의 답만 있으리라 믿는 사람들이 있다. 내가 감히 생각하기로 과학에서 절대 정설은 인문학의 정설만큼이나 적다. 그 외에는 많은 것이 논쟁과 탐구의 영역이다.

베스트셀러 과학서는 오히려 주의하는 것이 좋다. 그 책이 베스트셀러가 되었다는 것은 기존의 정설을 위협하는 새로운 가설이라는 뜻일 수도 있다. 그러니까 정설이 아닐 수 있다는 말이다. 이런 책은 초보자에게는 오히려 위험할 수 있다. 초보자에게는 오히려 너무 빤해서 아무도 찾지 않는 책이 나을 수도 있다. 너무 고전인 책도 주의할 필요가 있다. 이미 오래전에 뒤집힌 가설일 수 있다. 인터넷 자료는 언제나 위험하다. 근거가 없거나 검증되지 않았을 가능성이 높다. AI로 흔히 불리는 대형 언어 모델 Large Language Model은 거짓말을 늘어놓는다.

아동용 책은 안전한 선택이다. 과학자들은 제 주장이 강한 편이고 종종 자기만의 새 이론을 주장하며 학계 전체와 싸운다. 하지만 그런 과학자들도 아이들을 위한 책을 쓸 때는 최대한 조심하며 정설만을 골라 싣는다.

3) 많이 볼 수 있다

독학하는 사람이, 또 짧은 시간에 공부하는 사람이 가장 알기 어려운 것이 있다. 그 학계에서 무엇이 정설이고 무엇이 가설인가 하는 것이다.

어떤 이론은 반론의 여지가 없는 진리인지, 무엇은 지금 격렬하게 논쟁 중인지, 무엇은 다수가 동의하지만 그에 반대하는 소수의견이 있는지, 무엇은 새로운 관점이 등장하는 중인지, 무엇은 아직 아무도 모르는지. 학자들은 그 어딘가에 자리 잡고 서서 제 의견을 주장하는 일이 많기에 책 한 권만 읽어서는 그 감각을 체득하기 어렵다. 이런 감각은 책을 많이 봐야 생긴다.

그런데 과학자가 아닌 사람이 많은 책을 보기란 쉽지 않다. 하지만 아동용 책은 앉은 자리에서 수십 권도 볼 수 있다. 그러다 보면 어떤 말은 모든 책에서 반복된다. 반복되기에 기억하게 된다. 반복되는 빈도가 중요도와 일치한다고 보면, 처음 공부하는 분야라도 대강 정설과 가설에 대한 감을 잡을 수 있다.

4) 기본을 알 수 있다

처음부터 응용서를 보면 따라하거나 베낄 수 있을 뿐

새로 만들 수가 없다. 하지만 기본 원리를 이해하면 응용할 수 있다. 창작은 세상에 없는 것을 새로 만드는 작업이다. 남이 만들지 않은 상상을 하려면 바닥에서 상상하는 것이 좋다.

내가 원하는 설정을 처음부터 정보의 바다를 뒤져가며 찾고자 하면 한이 없다. 나는 먼저 자유롭게 상상한 뒤 그 상상을 뒷받침해줄 수 있는 이론이 있는지 찾는다. 뜬금없는 상상이라면 어렵겠지만, 과학의 기본 원리에서 상상을 발전시켰다면 어딘가에서 관련된 이론을 찾아낼 수 있을 것이다.

5) 그림이 있다

창작은 이미지를 그려내야 할 때가 많다. 하지만 글로 된 자료만 보면 이미지를 상상하기가 어려울 때가 많다. 별이 하늘에 가득하다는 말을 아무리 읽어도 그게 어떤 모습인지 보기 전에는 알기 어렵다.

하지만 아동용 책, 특히 아동용 학습만화는 그림으로 가득하다. 색깔, 모양, 빛, 우주선이나 기계의 구조를 열심히 구현한 화가, 혹은 사진사의 노력은 작가에게 큰 도움이 된다.

나는 잡지《뉴턴》을 자주 보았는데, 화보로 가득하기 때문이다.《미래로 가는 사람들》을 쓸 당시 광속에서의 광행차* 현상이 어떤 풍경일지 늘 궁금했는데,《뉴턴》에서 화보를 보고 나서야 비로소 감을 잡을 수 있었다.

6) 겸손해진다

너무 힘들게 공부하다 보면 어깨에 힘이 들어간다. 내 노력을 자랑하고 싶어 입이 간질간질해진다. 그러다 보면 소설에 지식을 늘어놓으려 하게 된다. 하지만 이는 어지간히 솜씨가 좋지 않고서야 권장할 만한 일이 아니다.

SF에 들어가는 과학 지식은 영화의 CG와 비슷하다. CG가 영화를 화려하게 하고 멋지게 만드는 것 같지만, 잘 만든 영화는 CG를 꼭 필요한 곳에 최소한도로 넣는다. CG는 화려하지만 한편으로 관객을 피로하게 하고, 현실감을 잃게 한다.

아이들 책을 보다 보면, 내가 아는 것이 아이들만큼도 없으며, 또 결국 무엇을 제대로 아는 것은 불가능하다는 사실을 받아들이게 된다. 그저 필요한 만큼 조금만 알 수 있을

---

* 관측자의 속도에 따라 천체의 위치가 달라져 보이는 현상. 관측자가 움직이는 방향으로 별빛이 기울어져 보인다.

뿐이다. 하지만 그러면 된다. 안다는 오만에 빠져 쓴 소설은 도리어 어리석어지기 쉽다. 글은 당당하되 겸손해야 한다.

누구나 할 수 있다, 물론 당신도

나는 모르는 분야에 대한 소설을 써야 할 때는 우선 어린이 도서관에 갔다. 앉아서 몇십 권을 훑어본 뒤에 청소년 책으로 옮겨 갔다. 그런 뒤에 성인용 교양서로, 다음에 전문가를 위한 책으로 올라갔다. 한 달 사이에 수십 년을 자라나는 아이처럼.

의례 같은 것이 아니라 쉬워서 그렇게 했다. 만약 내가 처음부터 전문가용 과학서를 집어 든다면 한 달을 다 써도 그 책 하나 제대로 이해하기 어려울 것이다. 하지만 어린아이에서부터 천천히 올라가면 한 달쯤 지나면 대개는 쉽게 어른의 자리에 도달한다.

한편으로, 만약 내가 모르는 것에 대해 쓰려는 시도를 하지 않고 아는 것만 쓰려 했다면, 늘 같은 소리만 하는 작가가 되었을 것이다.

공부하는 게 SF만의 특이한 점은 아니다. 무엇을 쓰든 작가는 공부한다. 자료 조사를 위해 뛰어다니고 인터뷰를 하고 책을 쌓아두고 본다. SF도 다르지 않다.

글을 쓸 때는 아이 같은 마음으로 써야 한다. 대단한 성과를 이루려 하거나 누구에게 잘 보이려는 마음으로 쓰면 오히려 바보 같은 것이 나오기 쉽다. 공부도 그와 같다.

아이들은 자신이 아는 것이 없다는 것을 알며, 그것이 당연하고 자연스러운 사실이라는 것도 안다. 부끄럽거나 책잡힐 문제가 아니라는 것도 안다. 아이들은 그런 마음이기에 쉽게 배운다. 어른이 되면 그 마음을 갖지 못하기에 배우기 어렵다.

아이들이 배울 수 있다면 당신도 배울 수 있다.

당신은 어른이기에 훨씬 빠르고 쉽게 배울 수 있다.

지금 시작하자. 즐겁게.

아이처럼.

SF 서사의 주역은 둘이다
— 인물과 설정

 간혹 초보 작가들이 처음 SF에 도전할 때, 열심히 로봇이며 기계며 미래며 우주며 과학기술을 소설에 쏟아 넣었는데 반응이 좋지 않을 때가 있을 것이다.
 작가는 항변할 것이다. "아니, 이 과학기술을 내가 맞게 넣었다니까요." 그러면 어디서 한 SF 독자가 슬금슬금 나타나 "SF는 과학기술이 중요한 게 아닌데요"라고 말할 것이다. 그 말에 작가는 어리둥절해하면서 "그렇군요. 잘 몰랐어요. 그럼 과학 따위 무시하죠. 뭐"라고 하면 그 SF 독자는 "뭐라고? 감히 SF에서 과학을 무시해?" 하며 화를 낼 것이다.

둘의 대화는 어디서 잘못되었는지도 모르게 어긋난다. 잠깐 싸움을 멈추고 다음을 읽어주기 바란다.

SF 서사의 주역은 둘이다
— 인물과 설정이다

'설정'은 다른 단어로 바꾸어도 된다. '세계'도 좋다. 소설의 3요소인 인물, 사건, 배경 중에서는 '배경'에 해당할 것 같다. 하지만 아무래도 '설정'이 적당해 보인다. 여기서는 인물 주인공과 어울리도록 "주설정"이라고 하겠다.

실상 앞의 대화에서 '과학'이라는 용어는 중간에 의미가 변한다. SF에서 과학기술은 중요하지 않지만, 주설정은 중요하다. 중요한 이상으로, 주인공과 동등한 주역이다.

주인공과 주설정은 SF 서사 내에서 같은 비중으로 주역이어야 한다. 그래야 좋은 SF가 된다.

만약 이를 이해할 수 있다면 SF를 이해할 수 있고 어쩌면 쓸 수도 있다. 반대로 이를 이해하지 못한 재능 있는 작가들이 좋은 글은 써도 좋은 SF는 쓰지 못한다. 계속 가보겠다.

1) 주인공과 마찬가지로, 하나의 이야기에서 주설정은 보편적으로 하나다

일반적으로 하나의 이야기에서 주인공은 하나다. 주인공은 서사를 끌어가는 주도적인 인물이자 갈등의 중심이며, 서사의 대미를 장식하는 핵심이다. 이와 마찬가지로 하나의 이야기에서 주설정 역시 하나로 족하다.

물론 다중 주인공도 있고 불가능하지도 않다. 쓰기 어려울 뿐이다. 마찬가지로 다중 설정이 불가능하지는 않다. 쓰기 어려울 뿐이다. 더구나 단편이라면, 더더구나 처음 SF를 쓰는 초보자라면 무리하지 않는 것이 좋다.

하지만 처음 SF를 쓰는 사람은 반대로 한다. '미래 세계라면 가상현실도 있겠고 로봇도 있겠고 세계정부도, 우주 식민지도 있을 것이고 그리고……' 하며 아는 모든 것을 쏟아부으려 한다. 물론 미래에는 많은 것이 동시다발적으로 변해 있을 것이다. 하지만 소설은 미래 예측 시나리오가 아니다. 서사다. 인물로 바꿔 생각하면 인류 전체가 주인공인 소설을 쓰려는 시도나 다름없다.

처음의 예시에서 '과학기술이 중요한 게 아니'라는 말은 과학이 틀려도 된다는 뜻이 아니다. '과학기술'처럼 보이는 '설정'을 무턱대고 쏟아 넣지 말라는 뜻이다.

하나의 이야기에서 주설정은 하나면 족하다. 더해서 좁고 분명할수록 좋다. 분명하기만 하다면 특이하지 않아도 된다. 주설정을 하나 선택했다면 다음 단계로 가자.

2) 주인공과 마찬가지로, 주설정은 이야기의 초반에 소개되어야 하며 충분히 이해할 수 있도록 설명되어야 한다

마블 히어로 영화를 예시로 들어보자. 영화 '캡틴 아메리카' 시리즈의 주인공은 스티브 로저스고 주설정은 방패다. 혹은 방패가 상징하는 모든 것이다. 유약한 몸의 스티브 로저스는 마찬가지로 유약한 방패인 쓰레기통 뚜껑을 들어 올리며 함께 서사를 연다. 영화 '토르' 시리즈에서 토르의 주설정은 망치 묠니르다. 또는 망치가 상징하는 모든 것이다.

각 영화에서 주인공과 주설정은 서로를 대변한다. 주인공은 주설정을 가장 잘 대변하는 상징적인 인물이며, 주설정은 주인공을 가장 잘 대변하는 설정이다. 그러므로 주인공의 성격이나 서사도 이 주설정과 이어져 있어야 한다.

둘이 서로 맞지 않는다면 둘 중 하나를 바꿔야 한다.

3) 주인공과 마찬가지로, 주설정은 서사를 주도적으로 끌어가며 이야기가 전개되면서 변화하고 성장한다

이것은 그 무엇보다도 중요한 원칙이다. 잘 듣기 바란다.

SF에 익숙하지 않은 작가도 글을 써보았다면 주인공이 변화하거나 성장해야 한다는 것을 안다. 하지만 사실주의만 써온 작가는 SF에서는 주설정도 같이 변화하거나 성장해야 한다는 점은 고려하지 못하는 경우가 많다.

문제는 주설정이 변화하거나 성장하지 않으면, SF 독자는 주인공이 변화하거나 성장하지 않는 것과 똑같이 소설이 전개되지 않는다고 느낀다는 것이다.

〈캡틴 아메리카〉에서 스티브와 방패는 서사의 중심에서 매 순간 중요한 역할을 하며 같이 성장한다. 스티브가 체력과 지도력을 갖춰가는 동안 방패도 같이 진화하여, 홍보용 가짜 방패에서 모든 충격을 흡수하는 세계에 하나뿐인 방패가 된다. 그러다 이후 〈캡틴 아메리카〉, 나아가서는 어벤저스 집단 전체의 신념을 나타내는 상징물이 된다. 그처럼 무한히 확장되었던 방패의 서사는 스티브가 방패를 내려놓고 후계자에게 물려주는 것(《어벤저스: 엔드게임》)으로 마무리된다. 또, 주설정인 방패가 이어진다면 인물 주인공이 바뀌어도 서사가 이어질 수 있다(《캡틴 아메리카: 브레이브 뉴 월드》).

'토르' 실사영화 시리즈의 첫 작품 〈토르: 천둥의 신〉에서 토르는 자격이 없어서 들 수 없었던 망치를 드는 것으로 첫 서사를 마무리한다. 이 망치도 계속 변화한다. 부서지기도 하고 새로 만들면서 두 개가 되기도 한다(《어벤져스: 인피니트 워》). 자격이 있는 다른 인물이 들기도 한다(《어벤져스: 엔드게임》). 그러다 연인과 구해야 했던 아이들에게 힘을 나누어 주며 크게 확장된다(《토르: 러브 앤 썬더》). 토르의 망치는 계속 변화해야 하며, 그렇지 않으면 토르라는 인물이 변하지 않는 것과 마찬가지로 서사가 전개되지 않는다.

4) 주인공과 마찬가지로, 주설정은 명확한 내적 논리와 일관성을 갖고 있어야 한다

SF에서 독자는 주설정으로 일어날 수 있는 일을 추측할 수 있어야 하며, 어떤 일은 일어나지 않으리라는 것도 상상할 수 있어야 한다.

앤트맨은 〈캡틴 아메리카: 시빌 워〉에서 자이언트맨이 된다. '작아진다'는 주설정은 변화했고 성장했다. 그리고 이 변화에는 일관성이 있다. 작아질 수 있다면 커질 수도 있는 것이다.

이 광경을 보는 관객은 '그래, 충분히 일어날 수 있는 일이지. 아주 그럴듯하군.' 하며 만족해한다. 이때 만약 옆에서 누가 '그런데 과학적으로 어떻게 하면 작아질 수 있지?' 하고 물으면 '사람 신경 쓰이게 하지 마라'며 귀찮아 할 것이다.

하지만 만약 앤트맨이 중간에 총알을 튕겨내거나 우주로 날아오른다면, 관객은 '이게 무슨 말도 안 되는 소리야!' 하고 화를 내면서 영화관을 뛰쳐나갈 것이다. 그건 주 설정이 할 수 없는 일이고, 그러므로 예측할 수 없는 일이기 때문이다.

SF 작가는 설정의 일관성에 인물의 일관성만큼 공을 들여야 한다. 독자가 SF 서사가 허무맹랑하다고 느낄 때, 몰입이 안 된다고 불평할 때는 많은 경우 작가가 그 일관성을 유지하는 데에 실패했을 때다. 초보 SF 작가들, 특히 사실주의 소설을 쓰다가 SF나 판타지 소설로 넘어온 작가들은 이를 간과하곤 한다.

사실주의 작가도 인물은 창조한다. 그 인물이 비록 허구의 존재라도 진짜처럼 생생하게 살아 있어야 하며, 진짜처럼 일관성과 통일성, 개성이 있는 실체로서 역동적으로 움직여야 한다는 것을 이해한다. 하지만 사실주의에서는 세상을 새로 창조하는 일은 없기에, 세상을 창조할 때도 똑같은 원칙이 적용된다는 사실을 크게 간과한다.

5) 주인공과 마찬가지로 주설정은 갈등과 위기의 중심에 있어야 한다

캡틴 아메리카의 위기는 방패가 부서지면서 오며, 아이언맨의 위기는 갑옷이 망가지거나 부서지면서 온다. '스타워즈' 시리즈에서 제다이의 가장 큰 위기는 검을 빼앗기거나, 검을 더 잘 쓸 수 있는 적이 나타나거나, 검을 쓸 수 있는 팔이 잘려 나가면서 온다. 이들에게 자신의 능력은 가장 큰 힘이자 가장 큰 위협이다.

주인공이 아닌 다른 인물이 서사의 가장 중요한 위기를 주도한다면 주인공을 바꾸는 것이 좋을 것이다. 만약 주설정이 아닌 다른 설정이 위기를 가져온다면, 위기를 가져온 그 설정을 주설정으로 바꾸고, 새 설정을 중심으로 서사를 재편하는 것이 좋을 것이다.

6) 주인공과 마찬가지로, 이야기의 갈등은 바로 이 주설정을 통해 해결되어야 한다

이 또한 중요한 원칙이다. 어슐러 K. 르 귄의 소설《어스시의 마법사》에서 마법의 힘은 이름에서 온다. 이 소설의 주설정은 이름이다. 이 세계의 힘은 이름을 많이 아는 것에서 오며, 위기는 이름을 들키는 것에서 온다. 이름을 감추고 알아내는 것이 서사의 주요한 갈등이 된다. 세계의 가장 큰 위기는 이름이 없어서 통제할 수 없는 적이 나타났을 때 온다. 그리고 주인공은 이 적에게 어떤 이름을 부여하여 문제를 해결한다.

《어스시의 마법사》에서는 서사의 시작, 전개, 위기, 결말의 모든 순간에, 주인공과 주설정이 함께, 똑같이 가장 중요한 역할을 한다. 그래서 이 서사는 탁월한 완성도를 지닌다.

내 웹소설《사바삼사라 서》에서 주설정은 '카마'다. 이 소설에서 카마는 욕망이 인격을 얻어 태어난 마음의 요괴를 뜻한다. 이 소설에는 카마 외에도 퇴마사, 마구니 같은 다른 설정이 등장한다. 하지만 최후의 가장 큰 적은 카마다. 그 카마를 물리치는 주역 역시 카마다. 결말에서 카마는 주인공과 함께 문제를 해결한다. 만약 그러지 않았다면 독자는 이야기가 왠지 곁가지로 흘러갔다고 느꼈을 것이다. 하나의 큰 문제를 해결하는 방법은 《어스시의 마법사》에서 영향을 받았다.

내 단편소설 〈느슨하게 동일한 그대〉의 결말은 시작부터 정해져 있었다. 소설의 주설정이 순간이동이므로 주인공은 순간이동으로 문제를 해결할 것이다. 관건은 '왜, 어떻게 하는가'였다.

영화 '어벤져스' 시리즈의 주설정은 '모임'이다. 1편에서 여섯 명이 모였던 이 시리즈는 마지막에 셀 수 없이 많은 영웅이 모이는 것으로 대단원을 장식한다. 그 광경은 관객이 고대하던 순간이며, 적을 물리치는 것보다 더 중요한 결말이다.

더해서, '마블 시네마틱 유니버스' 시리즈 페이즈 1의 주설정은 '인피니티 스톤'이었다. 각각 다른 힘을 가진 다섯 개의 돌이 영화마다 다른 문제를 일으켰다. 그렇기에 페이즈 1의 최종 결말은 인피니티 스톤이 낸다. 그 인피니티 스톤을 쓴 인물은 시리즈 전체의 주인공이라 할 수 있는 아이언맨이었다. 주인공이 주설정으로 결말을 지은 것이다. 여기서 둘 중 하나만 달라졌어도 관객은 시리즈 전체가 곁가지로 흘렀다고 느꼈을 것이다.

반대로 나쁜 결말을 낸 작품을 보자. 2017년에 개봉한 영화 〈저스티스 리그〉 조스 웨던 판본은 중간에 배트맨이 죽은 슈퍼맨을 되살리기로 결정했을 때 서사의 힘을 잃는다. 왜냐하면 이 영화의 주설정은 '모임'이어야 하지, 강한 인물이 나타나 혼자서 모든 것을 해결하는 것이 아니기 때문이다. 이때 영화의 주설정은 사망한다. 관객은 영화 중간에 주인공이 사망하는 장면을 본 것과 마찬가지로 서사에 흥미를 잃는다. 이 모순은 잭 스나이더 감독판 〈잭 스나이더의 저스티스 리그〉에서 해결된다. 이 감독판에서는 모든 인물이 각자의 자리에서 제 역할을 하면서 서사가 완성된다.

애니메이션 〈기동전사 건담 수성의 마녀〉에서 갈등을 일으키는 존재는 건담이다. 그러므로 이 애니메이션의 시작은 흥미롭다. 하지만 결말에서 갈등을 해결하는 주체는 건담이 아니다. 그렇기에 그 결말은 흥미롭지 않다. 만약 그 결말처럼 비폭력이 문제를 해결하려면, 비폭력은 맨 처음에 제시되어야 하며 갈등을 일으키는 주된 원인이어야 했다.

어디선가 본 말을 인용해 첨언하자면 이와 같다. 로맨스 장르는 로맨스가 문제를 일으키며 로맨스가 문제를 해결하는 장르다. 무협은 무공이 문제를 일으키며 무공이 문제를 해결하는 장르다. 건담 장르는 건담이 문제를 일으키며 건담이 문제를 해결하는 장르다.

주설정은 주인공과 마찬가지로 갈등의 중심에 있으며, 또한 해결의 중심에 있다.

7) 주인공과 마찬가지로, 결말에서 주설정은 처음에 제시되었을 때와는 다른 자리에 있어야 한다

앞에서 주인공과 주설정은 이야기가 전개되며 성장하고 변화한다고 했다. 그러므로 이 둘은 결말에서 다른 자리에 있게 된다.

많은 작법서에서 주인공은 이야기가 처음 시작했을 때와는 조금이라도 다른 사람이 되어 있어야 한다고 말한다. 주설정도 마찬가지로 처음 시작했을 때와는 달라져 있어야 한다. 일반적인 서사에서 주인공의 변화는 이야기의 종결과 맞물린다. SF에서 주설정도 마찬가지다.

앤트맨이 양자 세계로 들어가는 전개는 '작아진다'는 설정에서 관객이 상상할 수 있는, 직관적이면서도 멀리 간 결말이다. 그리고 영화 〈어벤져스: 엔드게임〉에서 이 설정은 처음과는 다른 자리에 놓인다. 앤트맨은 양자 세계로 들어갔으므로 시간여행도 할 수 있다. 관객은 이 일관성을 이해한다.

DC의 캐릭터 '플래시'는 빨리 달리는 초능력자다. 플래시는 처음에는 빠른 속도로 총알을 피하거나 빨리 사람들을 구하는 정도의 일을 하는 귀여운 인물이었다. 하지만 그러다 어느 시점에서는 광속을 넘고, 그러면서 시간을 넘고, 결국 DC 세계의 역사를 전부 재편하는 것은 물론 여러 평행우주를 열기에 이른다. 독자는 이 신비로운 전개를 이해한다. 아무리 이상한 광경이라 해도, 주설정이 할 수 있는 일이라면 가능한 전개이기 때문이다.

8) 요약하면, 주설정은 주인공의 역할을 모두 같이 해야 하며, 그래야 장르 독자는 이 소설이 완결성을 갖추었다고 느낀다

이 원칙은 더 늘어날 수도 있다. 모든 서사에서 인물의 역할을 상상하면서, SF 서사에서는 설정이 그 인물과 같은 역할을 한다고 상상하며 생각을 확장해봐도 좋을 것이다. 아마 다른 장르 서사도 그러할 것이다. 좋은 SF에서 이 둘은 어느 쪽도 모자람 없이 동등하게 중요하다.

반대로, 처음 SF를 쓰는 작가들은 이 원칙을 어기고 실패하곤 한다. 이들은 자기 소설에 하나가 아닌 다수의 설정을 집어넣고, 여러 설정 중 무엇 하나 깊이 다루지 않고 흘려버리며, 그렇기에 독자를 이해시키는 것도 실패한다. 설정을 소설의 처음이 아니라 중간이나 결말에서 무작위로 소개하며, 이 설정이 성장하거나 변화하지도 않는다. 설정이 인물과 관련을 맺지 않고, 소설의 위기와 갈등, 결말에서 아무런 역할을 하지 않는다.

 SF 소설을 영화나 드라마로 각색할 때도 그렇다. 각색하는 이들은 원작과 주인공이 같아야 하는 것은 이해하면서, 주설정이 같아야 한다는 사실은 망각할 때가 있다. 그러나 주설정은 주인공보다 더 중요하다. 봉준호 감독의 영화 〈설국열차〉는 원작의 인물과 전개, 결말을 비롯한 모든 것을 바꾸었다. 그럼에도 '얼어붙은 세상을 영원히 달리는 기차의 꼬리 칸에서 앞 칸까지 전진한다'는 주설정이 유지되었기에 관객은 '영화가 원작을 존중했다'고 느낀다.

 지금까지 설명한 규칙으로 자신만의 SF 쓰는 법을 생각해보자. 다음은 내가 《저 이승의 선지자》를 구상한 방식이다.

 이 소설을 쓰며 나는 사후세계가 실상 모든 생물이 하나의 생물인 세계라고 상상했다. 그리고 그 단 하나의 생명에서 갈라지고 분열된 파편이 우리들 개개인이라고 상상했다. 이것, '세계는 하나의 생물이고 우리는 그 파편이다'라는 것이 이 소설의 주설정이다.

그렇다면 소설의 가장 큰 갈등은 바로 이 주설정이 일으켜야 할 것이다. 나는 만약 그런 세계가 존재한다면(실제로 존재할 수 있을지 없을지는 중요하지 않다), 이 세계가 겪을 가장 큰 갈등은 무엇일지 생각했다.

주설정이 갈등의 핵심이라는 원칙에서 직관적으로 생각해보면, 이 세계의 가장 큰 갈등은 '합일'하느냐 '분열'하느냐일 것이다. 나는 그래서 이 세계에는 합일을 원하는 세력과 분열을 원하는 세력이 나뉘어 대립하고 있으리라 상상했다. 그들은 아마 자기 학파도 있고, 제자도 있을 것이다. 따르는 제자도 있을 것이고 반항하는 제자도 있을 것이다. 그리고 주인공은 주설정을 대변하는 인물이 좋을 것이다.

주인공 나반은 분열하려는 아만과 합일하고자 한다.

이것이 이야기의 시작이다.

주설정과 주인공, 두 주역이 맨 처음에 같이 소개된다. 그리고 이 설정은 인물과 함께 변화하고 성장한다. 소설은 우주 전체를 합일하려는 세력과, 완전히 극단적으로 분리된 주인공이 대립하는 방향으로 전개되며 갈등의 양상이 변한다. 이 변화는 또한 주인공의 내적 변화와 동시에 진행된다.

더해서, 이 소설은 주설정이 주인공보다 좀 더 중요한 역할을 한다. 그러면 소설은 좀 더 SF다워진다. '소설이 SF답다'는 평가는 종종 주설정이 주인공보다 큰 역할을 할 때 나온다. 주설정이 약하거나 역할이 없으면 그 소설은 일반문학에 가까워진다.

물론 이것은 하나의 원칙이다. 또한 나의 주관적인 원칙이다. 원칙은 규칙이 아니다.[21] 그러니 매이지 않아도 좋다. 하지만 모르는 것과 알면서 변주하는 것은 다르다.

타인에게는 주관이 있다

앞서 SF 서사의 주역은 인물과 설정이라고 했다. 여기서는 인물, 다음 장에서는 설정에 대해 조금 더 깊이 들어가 보겠다.

출간된 소설에서는 보기 힘들지만 공모전 투고작에서는 의외로 많이 보이는 장면이 있다. 그중에 내가 '무대 연설'로 부르는 장면을 소개하겠다. 많은 경우 소설 도입부에 등장한다.

보통 누가 무대로 걸어 나오며 시작한다. 그는 이미 세계적인 명성을 쌓았고 가는 곳마다 기자와 추종자가 따라다니며 일거수일투족이 화제가 되는 사람이다. 이 사람이 무대에 오르자마자 대형 콘서트장처럼 좌석을 가득 메운 관중이 환호와 박수를 아끼지 않는다. 그 사람이 대뜸 연설을 시작한다. 내가 심사하는 공모전이 주로 SF 공모전이므로 직업은 흔히 과학자이며, 그것도 세기의 천재 과학자다. 하지만 소설가 지망생 대부분은 안타깝게도 세기의 과학자가 아닌 관계로 연설 내용은 영양가 없거나 때로는 엉망으로 틀린 내용이다. 설마 이 어릿광대가 주인공은 아니겠지, 의심하며 읽다 보면 진짜 주인공이다.

볼 때마다 희한하다. 여러분은 강의를 듣다 감동에 겨워 흥분한 나머지 선생님께 손뼉을 치며 환호성을 날린 적이 한 번이라도 있는가? 물론 그랬다면 할 말은 없다. 그래도 흔히 있을 법한 일은 아니다.

흔히 있을 법하지는 않지만 상상 속에서는 많이들 체험해보았을 것이다. 무대에서 대중의 찬사를 받는 꿈은 워낙 전형적이라 해몽도 많다. 꿈해몽 책을 찾아보면 '인정받고 싶고 재능을 드러내고 싶은 마음을 드러내는 꿈'이라 한다. 공모전에 투고하는 신인 작가들의 마음을 대변하는 풍경이겠다.

데이먼 나이트에 따르면, 이는 아직 "나르시시즘 단계의 백일몽"[22]을 벗어나지 못한 이야기다. 몽상은 했지만 그 몽상이 타인의 눈에 어떻게 비칠지 상상하지 못하는 것이다.

독자는 무대 위에 당신과 함께 있지 않다. 독자는 관객석에도 없다. 그 바깥에 멀찍이 서서, 이 풍경이 통째로 당신의 망상이라는 것까지 꿰뚫어 본다. 그리고 자기가 진짜 그런 사람도 아니면서 만인의 찬사와 숭앙을 받을 인물이라고 망상하는 풍경에 경악하며 민망해할 뿐이다.

타인이 있어야 픽션이다

인간은 누구나 자기 주관에 갇혀 산다. 그러지 않은 사람은 역사상 없었고 앞으로도 없을 것이다. 과학이 우주의 끝을 탐사하고 양자 세계를 들여다보아도, 여전히 한 인간이 관찰할 수 있는 주관은 제 것 하나뿐이다. 이는 인공지능을 만들 때의 난제이기도 하다. 언젠가 인공지능에게 인격이 생겨도, 어쩌면 이미 생겼어도, 우리는 그 인격의 존재를 직접 관측할 방법이 없다. 마지막 순간에도 '인격이 있어 보이니 있다 치자'는 느슨한 합의 외에는 없을 것이다. 이것은 우리 사회의 합의이기도 하다.

이렇듯 우리는 타인의 주관을 관찰할 수 없다. 하지만 주관이 없는 타인은 존재하지 않는다. 일상에서는 이 괴리가 크게 문제 되지 않지만 창작에서는 문제가 된다.

나는 전에 청소년 문학 웹진 《글틴》에서 '이야기글' 게시판 멘토를 맡은 적이 있다. 그곳은 생전 처음 글을 쓰는 아이들로 가득했다. 아이들은 처음에 일기나 수필로 글쓰기를 시작하다 나중에 '이야기글'로 넘어온다. 특별히 뭘 배우지 않아도 많이들 자기만의 재미있는 이야기를 만들어낸다. 하지만 동시에 넘어오기 힘겨워하는 학생들도 많았다.

내가 "주인공의 행동은 그럴듯해요. 하지만 주인공 이외의 다른 사람의 행동도 마찬가지로 그럴듯해야 해요"라고 말하면, 그들은 내가 무슨 말을 하는지 이해하지 못하는 듯했다. 아무리 고쳐 써도 주인공의 서사에만 계속 살이 덧붙여졌고, 주변 인물은 계속 목적도 일관성도 없이 움직였다.

SF 작가 낸시 크래스는 "흥미로운 인물이 없다면 소설이 아니다"[23]라고 한 바 있다. 인물이 없는 소설은 논픽션이 되고 만다. 나는 여기에 말을 덧붙이고 싶다.

당신이 둘 이상의 인격을 상상할 수 없다면 논픽션은 써도 픽션을 쓰지는 못한다.

픽션은 여러 인격 간의 상호작용으로 이루어져 있다. 한 명의 인격만이 등장하는 소설이 있을지 모르겠지만 잘 상상은 가지 않는다. 말하자면 당신이 설령 자신이라는 표상을 투영하는 것으로 한 인물의 구색을 갖추었다 해도, 반드시 그와는 전혀 다른, 때로는 사사건건 대립하는 또 하나의 인격을, 그것도 생동감 있고 일관성 있는 형태로 상상할 수 있어야 한다. 그래야 그 글이 픽션이 되며, 그렇지 않은 글은 혼자만의 백일몽에 불과하다.

인물은 주인공이든 조연이든 모두 주관이 있어야 하며, 자기 인생의 주인공이어야 하고, 제 의지로 말하고 행동해야 한다. 현실의 인간은 실제로 모두가 그러하기 때문에, 작가가 이를 비슷하게라도 구현하지 않으면 소설이 현실적으로 느껴지지 않는다.

이것은 가르치기가 가장 어려운 영역이었다. 누군가는 여러 인격을 구현하는 데 아무 어려움이 없었고, 반대로 죽어도 안 되는 사람은 또 안 되는 듯했다. 물론 노력 여하에 따라 언젠가는 되기도 하지만, 결국 어느 지점에서는 스스로 깨닫는 수밖에 없는 듯했다.

이는 물론, 현실 사회에서 다른 사람의 마음을 이해한다든가 예의를 지킨다든가 남을 배려한다든가 하는 차원의 이야기가 아니다. 말 그대로 머릿속에서 여러 인격이 굴러다닐 수 있는가의 문제다. 내가 보기에는 소설을 쓰든 쓰지 않든, 이런 상황을 상상조차 해보지 못한 사람이 있는가 하면, 일상에서 흔히 체험하는 사람도 있는 듯하다.

인물은 살아 있어야 한다

SF는 세계 구축이 더 중요하므로 인물이 흐릿해도 된다는 말이 언제부터인가 한국 SF 장에서 떠도는데 나는 영문을 모르겠다(앞 장에서 말했던, SF에서 주인공과 주설정은 어느 쪽도 모자람 없이 동등하게 중요하다는 말을 돌이켜보라).

그건 배우가 연기를 못해도 영화의 다른 부분이 훌륭하면 괜찮다는 말 같은데, 그럴 수는 있다. 하지만 그건 모든 창작의 특징이지 어떤 장르의 특징이 아니다. 혹시 이 말이 '인물이 전형적이어도 괜찮다'는 뜻이라면, 그것도 맞다. 그런데 그것도 모든 창작의 특징이지 어떤 장르의 특징이 아니다. SF는 오히려 현대사회의 지루하고 흔해빠지고 매가리 없는 인물 대신 개성 넘치고 다양한 인간상을 그려낼 수 있는 장르가 아니던가.

음, 좋다. 인물은 흐릿해도 된다. 쉬어빠진 김치처럼 맹탕이거나 가을에 바싹 마른 가랑잎처럼 시들시들해도 된다. 당신의 문장이 나빠도 되고 세계 구축이 어설퍼도 되는 것과 비슷한 의미에서, 그래도 된다. 이야기는 생물이고 전체로서 작용하는 것이니, 어느 부분이 모자라도 다른 부분이 좋으면 서로 보완이 된다. 작가는 모든 것을 다 잘할 수 없다. 누구나 그렇다.

하지만 하한선은 있다. 문장이 아무리 나빠도 하한선이 있다. '문장은 이해되어야 한다'는 하한선이다. 내 생각에 인물의 허술함에도 하한선은 있다. '인물은 구분되어야 한다'는 선이다. 소설을 써본 사람이라면 이 하한선도 드높은 줄을 알 것이다.

인물을 구분할 수 없다면 이야기를 이해할 수가 없다. 문장도 좋고 별로 어렵지도 않은데 도무지 글이 읽히지 않는다면 과연 그 소설에서 인물이 구분되는지 생각해볼 필요가 있다.

개성은 대비에서 온다

많은 초보 창작자들이 인물이 흐릿하다는 평을 들으면 수학 난제라도 맞닥뜨린 듯한 고통에 겨워하며 ……주인공을 들여다본다. 잠깐 정지. 아까 주인공에게만 서사를 계속 추가하던 학생을 기억하는가?

잠깐 다른 이야기를 하면, 공모전 투고작 중에는 "씨바아알!"로 첫 대사를 시작하는 주인공이 의외로 많은 편이다. 그 말이 주인공을 눈에 띄게 하고 개성을 부여한다고 믿는 것 같다. 나는 "씨바아알!" 하고 포효하며 첫 등장을 알리는 주인공을 볼 때마다 이건 또 무슨 한국인 정신에 아로새겨진 원초적인 대사일까, 고민한다.

개성은 주인공의 눈에 띄는 몸짓과 울부짖는 괴성과 거친 생각과 불안한 눈빛과 위협적인 주먹과 위험한 인간상 따위에서 오지 않는다. 개성은 대비에서 온다(어느 정도는).

1) 성격이론으로 구분하기

MBTI 이야기 한번 해보자.

"으아악, MBTI래! 여기 보세요, MBTI래!" 하고 여기저기서 아우성치는 소리가 들리는 듯하다. 잠깐만 진정하자.

MBTI가 사주나 점성술처럼 잘못 퍼지고 있는 데다 오남용과 오해석이 넘쳐흘러 짧은 지면 안에서 잘 설명할 수 있을지 모르겠지만 그래도 한번 해보겠다. 미리 말해두지만 과학적인 면에서가 아니라 철학적인 면에서의 인용이며, 캐릭터 창작을 위한 도구로서의 인용이다.

MBTI, 즉 마이어스-브릭스 유형 지표Myers-Briggs Type Indicator는 이사벨 브릭스 마이어스가 그의 어머니와 함께 만든 지표다. 이사벨은《성격의 재발견》첫 문장에서 "이 책은 가족을 위해 썼다"[24]고 말한다. 여기서 '가족'은 혈연만이 아니라, 친구와 직장 동료처럼 자신에게 중요한 사람 모두를 뜻한다. 이사벨은 인생의 고통이 "선의를 갖고 있고 서로에게 중요한 사람들이 서로를 이해하지 못하는" 데에서 온다고 보았다.[25] 이 지표의 목적은 모든 사람이 제각기 세상을 다르게 인식하고 다르게 반응하는데, 그 '다름'이 모두 '정상'이라는 것을 이해하는 데에 있다. 당신은 독특하고 유별나며 타인에게 이해받지 못하겠지만, 정상이다. 똑같이 유별나며 당신을 이해해주지 않고 당신도 도저히 이해할 수 없는 타인도, 동등한 수준에서 그러하다.

이 지표는 잘 알려져 있다시피, 칼 융의 생각에서 비롯했다. 융은 인간이 에너지를 얻는 방식에서 내향-외향의 차이가, 사물을 인식하는 방식에 있어 감각-직관의 유형이 있다고 보았다. 그런데 융은 내향형인 사람은 내향형만 가진 사람으로 보지 않았다. 외향형이 내재되어 있지만 억압되어 표현형으로 내향형이 드러난 것으로 보았다. 말하자면, 내향적인 사람에게 내향형은 잘 받아들여진 부분이니 문제가 없다. 오히려 살펴보아야 할 것은 그 반대의 성향, 숨겨진 부분, 지표에서 드러나지 않는 성격이다. 그 그림자를 들여다보고, 이해하고 받아들이는 것으로 더 자연스러운 사람이 될 수 있다고 보았다.

그러면 우리가 MBTI를 볼 때 주목해야 할 것은?

그렇다. 내가 아니라 타인의 지표다.

물론 나를 이해하는 것이 세상을 이해하는 출발점이니 나의 지표를 보는 것이 우선이겠지만, 나는 원래 내가 잘 안다. 나는 내가 이해하며 내가 공감한다. 우리가 노력을 들여 이해해야 하는 사람은 내가 아니라 타인이다. 그것도, 나와 그 무엇도 같지 않은 사람이다.

하지만 사람의 머릿속에는 자기뿐이며 인간은 자기밖에 관심이 없으므로, 당신은 아마도 MBTI의 온갖 유사 검사를 돌리며 자기 결과만 오백 번쯤 보았을 것이다. 그거, 한 번 봤으면 됐다. MBTI는 본래 당신 자신이 아니라 타인을 이해하라고 만든 지표다. 그만 보고 타인을 보라. 당신과 모든 지표가 다른 사람을 보자.

이를테면 당신이 INTP라면 ESFJ의 지표를 보자. 거기에는 당신이 죽어도 하지 않을 일만 골라서 하는 인간이 있을 것이다. 취향도 취미도 다 다르고, 모든 상황에서 다른 반응을 하고, 당신은 상상도 못 할 일만 하는 사람이 있을 것이다. 하지만 그 사람은 당신과 마찬가지로 정상이며, 똑같이 흔하고 평범한 사람이다.

이제 시험 삼아 당신이 익숙하고 이해하기 편한, 당신과 비슷한 사람을 지면에 올려보자(물론 자신과 비슷한 인물을 더 그리기 어려워하는 작가도 많다. 어디까지나 예시다). 그리고 모든 면에서 다른 사람을 그 옆에 두어보자.

이제 두 흔한 인물에게는 마법처럼 개성이 생겨난다. 둘은 평범했지만 이제 조금도 평범하지 않다. 다음에는 당신과 닮은 인물을 뒤로 물러나게 한 다음, 당신과 어떤 면에서도 같지 않은 인물을 주연으로 활약하게 해보라.

개성은 대비에서 온다.

같은 인물만 배치하면 그 어떤 성격도 독특해지지 않는다. 수다스러운 인물만 소설에 배치하면 독자는 작가가 수

다스러운 성격이라 생각하지, 인물을 창작했다고 믿지 않는다.

주인공의 어떤 면을 드러나게 하고 싶은지 생각해보자. 밝은 성격을 드러내고 싶다면 주인공에게 살을 덧붙이는 대신 어두운 사람을 옆에 두어보자. 산만함을 드러내고 싶다면 딱 부러지는 사람을, 수다스러움을 드러내고 싶다면 과묵한 사람을 옆에 두자. 그는 동료나 친구여도 좋고, 대적자여도 좋고, 잠시 지나가는 주변인이어도 좋다.

이제 시들시들한 묵은 김치 같았던 주인공은 고기반찬과 어우러져 매력을 발산한다. 혹시 김치가 고기보다 개성이 부족하다고 생각한다면, 채소 하나 없이 고기밖에 없는 식탁을 생각해보라. 식탁을 보자마자 손님들은 김치부터 찾을 것이다.

2) 색깔로 구분하기

색은 내가 인물의 밑그림을 그릴 때 쓰는 방식 중 하나다. 나는 실제 주변 사람에게도 성격과 분위기에 따라 색깔을 부여해 상상하곤 하는데, 마찬가지로 소설에서도 내 인물을 색깔로 상상한 뒤 그 색을 늘어놓고 배색이 좋은가를 본다. 색은 인물의 일관성을 잡기에도 좋다.

• 흰색과 검은색

흔한 구도다. 영화에서도 이들은 흰옷과 검은 옷을 입고 등장한다. 이들은 슈퍼맨과 배트맨이고, 〈스타워즈〉의 루크와 한 솔로(혹은 다스베이더)며, 《전지적 독자 시점》의 김독자와 유중혁이고, 《바람의 나라》의 호동과 무휼이다. 검은색은 흰색을 더욱 희어 보이게 하며, 흰색은 검은색을 더욱 검어 보이게 한다.

흰색은 선하고, 순수하며, 온화하고, 사교성 있고, 친절하며, 친구가 많고, 인정에 이끌리며, 겉으로는 유약해 보이지만 내면적으로 강하다.

검은색은 선악이 불분명하며, 산전수전 다 겪었고, 냉소적이며, 고독하고, 친구 없고, 냉철하게 판단하며, 기본적으로 흰색을 압도하는 강자인 것 같은데 알고 보면 개복치 같은 심약한 구석이 있다.

• 빨간색과 파란색

마찬가지로 흔한 구도다. 파란색은 빨간색을 더욱 빨갛게 보이게 하며, 빨간색은 파란색을 더욱 푸르게 보이게 한다. 이들은 전대물의 레드와 블루며, 〈에반게리온〉의 아스카와 레이, 〈원피스〉의 루피와 조로(청록으로 치자)다.

빨간색은 열정적이고, 생각하기 전에 몸이 먼저 움직이며, 충동적이고, 시끄럽고, 정의감에 불타고, 감정적이며, 파란색과 매일 다투지만 사실 파란색이 없으면 어쩔 줄을 모른다.

파란색은 냉정하고, 움직이기 전에 생각하며, 차분하고, 조용하고, 실리를 따지고, 감정을 내비치지 않으며, 빨간색이 벌인 일을 뒷수습하느라 고생이지만 마음 한편으로는 빨간색이 일을 벌이는 것을 지지한다.

색깔을 계속 더해보자. 노랑은 명랑하고, 활기차며, 늘 웃고, 떠들고, 수다스럽고, 매사에 진지하지 않고, 뛰어다니고, 신나고, 감정적이다. 초록은 얌전하고, 조용하며, 인권 또는 환경 운동을 하고 있고, 독서와 식물을 좋아한다.

그렇게 밑그림을 그리고 색깔이 겹치거나 한 방향으로 쏠리지 않았는지 본다. 색이 원색에 가까울수록 전형적인 인물이므로 여기에서 RGB 값을 조금씩 바꾼다. 물론 소설의 방향성에 따라 전체를 밝은 계열로, 또는 어두운 계열로 하는 등의 변형은 있을 수 있겠다.

나는 공동단편집을 기획할 때도 그렇게 했다. 작가들을 색으로 상상한 뒤에 배치해보고 색이 한쪽으로 쏠리지 않는지 살펴보았다. 이상적인 결과는 작가들이 무지갯빛으로 균등하게 펼쳐지는 것이다. 전반적으로 색이 어두워지면 밝은 작가를 찾고, 차분해지면 들뜨는 색을 찾아 빈자리를 채웠다. 그러면 책이 다채로우면서도 균형이 잡힌다.

자신만의 방법을 찾기

그 외에도 여러분만의 방법을 찾아보라. 아이작 아시모프도 인물상이 비슷한 작가였지만 그래도 거장이었다. 사실 아시모프의 소설을 자세히 들여다보면 비슷비슷한 인물만 나오는 듯해도 확연한 차이가 있다. 그의 인물은 정신적인 제약이 있는 경우가 많다. 로봇은 로봇 3원칙에 지배되고, 지구인은 기계 혐오와 광장 공포가 있고, 우주인은 기계 선호와 대면 공포가 있다. 인물이 각기 다른 정신적인 제약을 지키며 행동하므로 명확히 구분되고 이야기를 읽는 데에도 어려움이 없다.

작법서에서 흔히 추천하는 방법은 취재를 하거나 주변 인물을 관찰하는 것이다. 이때 대부분 경고를 덧붙인다. 절대로 한 명이나 소수의 사람만을 관찰해 인물로 쓰면 안 된다. 만약 관찰로 인물을 만들려면 반드시 여러 사람을 관찰한 뒤 재구성하여 새 인물을 만들어야 한다. 결국 인물은 자신의 안에서 창조되어야 한다.

나는 인격을 창조하는 과정은 배우가 역할에 깊이 몰입하여 대본에 없는 대사와 연기를 말하는 현상과 비슷하다고 생각하는 편이다. 인물이 충분히 살아 있으면 그 사람이 이야기를 끌고 간다. 내 평범한 원래 인격으로는 상상도 못 할 전개와 결말로 치닫는다.

결국, 자기 인격으로만 이야기를 쓰면 늘 같은 이야기밖에 나오지 않는다. 매번 나와 다른 인물을 창조하고 그 인물에게 운전대를 슬쩍 넘겨주어야 본연의 나로서는 상상하지 못했던 이야기가 나온다. 인물이 충분히 살아 있으면 그 인물이 보조 작가처럼 같이 글을 써주고, 협업과도 같은 즐거움을 준다.

세계는 이어져 있다

1815년 4월 5일, 인도네시아 숨바와섬에서 탐보라 화산이 분화했다. 지난 2000년 사이에 최대 규모였다. 당시 사람들은 아직 세계의 연결성에 대해 알지 못했고 이를 지구 변방에서 일어난, 자신과 동떨어진 재난으로만 여겼다. 당시 인도네시아 총독 토머스 스탬퍼드 래플스는 한 소절의 건조한 기록만 남겼을 뿐이다.

그해 세계의 노을은 찬란하게 빛났다. 노을이 눈부셨던 까닭은 하늘을 뒤덮은 화산재에 햇빛이 산란했기 때문이다. 영국 화가 윌리엄 터너는 이 불타는 하늘을 그림으로 남겼고 이 화풍은 후에 인상파 미술 사조에 영향을 준다.

그해 겨울은 유례없이 추웠고 다음 해인 1816년에는 여름이 오지 않았다. 작물이 제때 열매를 맺지 못해 전 세계에 흉년이 들었다. 중국 윈난성의 농부들은 굶주림에 지쳐 아편을 기르기 시작했고 이는 훗날 아편 전쟁의 계기가 된다. 아일랜드를 비롯한 유럽에 대기근이 들어 후에 미국 대이주의 계기가 된다. 해류의 뒤틀림으로 북극이 따듯해져 북극해가 열리는 바람에, 패기 넘치는 유럽 탐험가들이 북극을 지나 인도와 중국으로 갈 수 있다고 믿고 길을 떠났다가 줄줄이 빙하에 갇혀 죽었다.[26]

그해, 마침 스위스에서 사랑의 도피 중이었던 연인, 퍼시 셸리와 메리 고드윈은 혹독한 날씨에 여행을 계속하지 못하고 친구 바이런의 집에 머물렀다. 날씨가 흉흉하고 거리에 난민과 걸인이 즐비하여 괴기소설이 유행이었다. 이들은 요새 유행하는 괴기소설을 써보자고 했다. 퍼시 셸리와 바이런은 약속을 지키지 않았지만 메리 고드윈(곧 메리 셸리가 되었다)은 약속을 지켜 소설을 썼다.

이 소설에는 음산한 날씨, 굶주리는 사람들, 불타는 노을, 북서항로를 탐험하는 선박의 묘사가 모두 담겨 있다. 이 소설이 흔히 SF의 시초로 평가받는 《프랑켄슈타인: 현대의 프로메테우스》다.

세계는 이어져 있다

세계는 이어져 있다. 그 무엇도 홀로 존재하지 않는다. 세상의 모든 원자와 분자, 물질과 생물은 홀로 동떨어져 있지 않으며 어떤 사건도 독립적으로 일어나지 않는다. 일단 일어난 사건은 무엇이든 세상 전체에 영향을 끼친다.

오늘 내린 폭설은 어쩌면 지구 온난화로 수증기 증발량이 많아진 결과일 것이다. 온난화의 원인 중 하나는 아마도 인류의 탄소 배출량일 것이며, 이 기후변화로 지난 오십 년간 야생동물 73퍼센트가 멸종해왔다.[27] 몇십 년, 혹은 몇백 년만에 한 번 올 법한 폭설이나 폭우, 산불이 일상이 되어갈 것이다. 오늘 쏟아진 눈은 우리가 대멸종의 시대에 살고 있다는 하나의 증거일 수도 있다.

물론 눈 내리는 풍경을 보며 보통 이런 생각을 하지는 않을 것이다. 하지만 우리가 현실에서 주관이 없는 인간을 만날 수 없듯이, 우리는 연결되지 않은 세상에서 살아본 적도 없다. 소설에 주관이 없는 사람을 그리면 독자의 몰입감이 떨어지듯이, 연결되어 있지 않은 세상을 그려도 마찬가지로 몰입감은 현저히 떨어진다. 이것은 SF 작가가 세계를 만들 때 잊지 말아야 할 점이다. 세계는 이어져 있다.

기왕 폭설 이야기를 했으니 얼어붙은 별을 한번 상상해보자. 얼어붙은 행성에서는 눈이 내릴까? 현실에서는 추우면 눈이 온다. 그런데 만약 행성 전체가 춥다면 눈이 올까?

눈은 왜 내리는가? 눈은 증발한 수증기가 얼어붙어 내린다. 물이 증발했다면 행성 어딘가는 따듯하다는 뜻이다. 아니면 최소한 따듯한 시기가 있다는 뜻이다. 실제로 남극은 지구 최대의 사막이다. 연평균 강수량이 50~70밀리미터에 불과하며, 지난 이백만 년 동안 강우가 없는 곳도 있다.[28] 남극은 수분이 증발할 만큼 따듯한 곳이나 시기가 없어서다.

만약 어느 행성에서 밤이나 낮이나 함박눈이 쏟아지고 있다면 그 행성의 어딘가, 혹은 어느 무렵은 따듯할 것이다. 그러면 그 별에는 분명히 사람이 살 만한 곳이 있을 것이다. 그렇다면 얼어붙은 행성에서 내리는 눈은 절망이 아니라 희망의 상징이다. 소설 속에서 눈을 펑펑 쏟아지게 해놓고 "행성 전체가 죽음의 땅이 되었다"고 말하면 곤란할 것 같다.

이번에는 하늘을 나는 차를 상상해보자. 차가 하늘을 날면 어떻게 될까?

동력이나 유체역학, 기술적인 문제는 전부 고려하지 말

고 상상해보자. 차에서 바퀴가 사라지면 도로를 아스팔트로 포장할 필요가 없을 것 같다. 아스팔트를 걷어내고 지표에 흙이 드러나게 할 수도 있을 것 같다. 그러면 도시의 열섬 현상도 해소될 것 같다. 땅 밑에 잠자던 옛 유적도 드러날 것 같다. 옛 지하 유적 위로 차가 돌아다닐 수도 있을 것 같다. 도로로 생활권이 끊겼던 작은 짐승들이 자유로이 돌아다닐 수도 있을 것 같다.

또 무엇이 달라질까? 날아다니는 차는 얼마나 높이 날까? 모든 차가 모든 높이에서 날면 난장판일 것 같다. 건물 모든 층이 소음 공해와 사생활 침해에 시달릴 것 같다. 만약 차들이 4층 정도 높이의 구간만 날도록 법으로 정한다면 또 다른 변화가 있을 것 같다. 그때는 아파트 1층이 아니라 4층 가격이 내려갈 것 같다. 4층은 소음과 공해, 정체불명의 군중이 돌아다니는 소란의 온상이 되고 범죄에도 취약해질 것 같다. 4층을 기준으로 위아래 주민의 경제 수준이 달라져 사회적인 단절이 일어날 수도 있을 것 같다.

이것은 가벼운 예시다. 당신은 얼마든지 얼어붙은 행성의 생태나, 차가 하늘을 날았을 때 생겨날 세상의 변화를 상상해볼 수 있을 것이다. 그 상상이 과학적이거나 정확할 필요는 없으나, 제법 그럴싸해서 독자가 책을 읽는 동안은 깜박 홀릴 만한 것이어야 한다. 독자가 '그래서, 또 무엇이 변할까?' 하며 같이 유추해 추리할 만한 것이어야 한다.

여러분이 SF를 쓰면 아마도 무엇이든 현실 세계에 없거나 현실에서는 낯설고 이상한 무엇인가를 넣게 될 것이다. 시간여행, 인격이 있는 로봇, 초능력자, 외계인, 항성 간 우주선, 기타 등등. 그들은 결코 홀로 동떨어져 존재하지 않는다. 우리가 사는 현실에 지금은 없는 것이 나타난다면, 그것은 호수에 던져진 돌처럼 세계 전체에 파동을 전한다. 하나가 변하면 세계 전체가 변한다.

내가 세계에서 하나만 바꾸는 이유

나는 종종 "SF 세계를 어떻게 만드느냐"는 질문에, "현실에서 단 하나만 바꾼다"고 답하곤 했다. 나중에야 이 답이 세계를 거의 바꾸지 않는다는 뜻으로 받아들여지는 것을 알고 놀란 적이 있다.

내가 소설에서 하나만 바꾸는 이유는 세계 전체를 바꾸기 위해서다. 그것도 유기적이고 개연성 있게 바꾸기 위해서다. 다른 세계를 창조하는 중심 요인을 단 하나만 두는 것이다. 말하자면 이것이 앞에서 말한 '주설정'이다.

'삼체문제'를 아는가? 세 물체 간의 상호작용과 움직임을 다루는 고전역학 문제다. 두 물체의 상호작용은 쉽게 계산할 수 있다. 이를테면 우주에 지구와 달만 있다면, 두 행성의 초기 위치와 질량, 초기 속도를 알면 그 궤적을 계산할 수 있다. 달세계 여행 공식도 간단해진다. 하지만 지구와 달 옆에 태양이 있으면 고려할 요소가 셋인 삼체문제가 된다.

삼체문제는 계산이 불가능하다. 증명된 사실이다. 그런데 우주는 결국 여러 행성이 상호작용하는 곳이므로 우주선은 정확한 항로 계산이 불가능하다. 지구에서 달까지 갈 때도 마지막에는 결국 사람의 눈으로 조정해야 한다. 류츠신의 소설《삼체》에서는 세 개의 태양을 도는 외계 행성이 나온다. 이 세계의 주민들은 아무리 애써도 자기가 사는 행성의 궤도와 계절과 기후의 변화를 예측할 수 없다(그러면 실은 '사체 문제'이지만 넘어가도록 하자).

내 소설에서 하나 이상을 바꾸면, 실은 둘만 되어도 주인공과의 상호작용으로 삼체문제가 되므로 나는 세계의 개연성을 계산할 수가 없다. 결국 내가 둘 이상의 요소를 바꾸면 예측할 수 없는 판타지적인 세계가 된다(물론 그래도 되기는 한다). 이것이 내가 소설에서 하나만 바꾸는 이유다.

내 소설 《저 이승의 선지자》를 다시 생각해보자. 이 세계는 '저승에서는 죽지 않는다'는 문제를 생각하다가, 불멸하는 생물은 어떤 모습으로 어떻게 살지 상상하다 떠올린 세계다.

생물이 불멸한다면 몸의 모든 세포도 불멸할 것이다. 생물의 모든 세포가 불멸하면 형체를 유지할 수 없다. 우리의 손가락이 분화된 까닭은 손가락 사이사이의 세포가 죽어서 퇴화해주었기 때문이다. 이 생물은 음식을 섭취할 이유가 없으니 소화기관이나 배설기관도 없을 것이다. 그러면 불멸의 생물은 아메바처럼 부정형不定形의 생물이 될 것 같다. 불멸의 생물은 생식도 하지 않을 것이다. 생식하지 않는다면 성욕도 없을 것이다. 애초에 생존을 위해 필요한 것이 없다면 모든 욕망이 다 불필요할 것이다. 개체의 구분이나 다양성 역시 불필요하다. 생물 다양성은 변화하는 환경에서 생존하기 위해 필요한 것이다. 그러다 보니 나는 저승이 세계 전체가 하나의 생물이며, 단 하나의 생물만이 존재하는 세계라는 상상에 이르렀다.

그 세계 전체가 우리 세계와 완전히 다르게 변화한 중심 요인은 '생물이 불멸하면 어떻게 될 것인가?'라는 단 하나의 질문이다. 내가 그 이상의 요인을 생각한다면 세계의 변화를 예측할 수 없다.

내 다른 소설, 《당신을 기다리고 있어》《당신에게 가고 있어》는 각기 다른 광속 우주선으로 여행하면서 시간의 흐름이 어긋나 만나지 못하는 연인들이 편지를 주고받는 이야기다. 그 편지는 중간까지는 전해지다가 그 이후부터는 전해지지 않는다.

전해지지 않을 때는 상관없는데, 전달해야 할 때는 시간 계산이 너무 어려웠다. 내가 머리가 아파 "양자통신을 넣어 광속을 넘는 통신을 해버릴까요?" 하고 편집자에게 제안했는데, 편집자가 기겁하며 그런 새 기술이 등장하면 생각의 가능성이 너무 넓어진다고 했다. 옳은 말이었고 그 제안을 즉시 접었다. 가능성이 너무 넓어지면 예측이 불가능해진다. 이 소설에는 광속 우주선 외에는 중요한 기술이 등장하지 않는다.

세계를 예측하려면 규칙이 필요하다. 규칙이 없는 이야기는 예측할 수 없다. 예측할 수 없는 이야기는 궁금하지 않다. 왜냐하면 '궁금함'이란 기본적으로 독자가 전개를 예측은 하지만, 작가가 자기 예측을 뛰어넘으리라 기대할 때 오기 때문이다. 그리고 재미는 궁금함에서 온다. 조나 레러가 《지루하면 죽는다》에서 말하듯이 '독자의 호기심을 자극하는 것은 궁금증'[29]이다. 궁금하지 않은 이야기는 재미있지 않다. 맨 처음으로 돌아가보자. 규칙이 없는 이야기는 재미있지 않다.

우리는 현실이 돌아가는 원리를 안다. 하지만 낯선 세계에 대해서는 그렇지 않다. 당신이 창조한 세계에서 독자가 기대를 품게 하려면 게임 운영자처럼 세계의 규칙을 알려주어야 한다. 그러면 독자도 당신과 함께 상상을 펼쳐나갈 것이다. 물론 당신은 독자의 예측을 뛰어넘을 필요가 있다. 독자의 예측이 당신보다 앞서 나가면 마찬가지로 뻔한 이야기가 되고 만다. 길을 제시하되 더 멀리 가야 한다.

세계는 살아 있는 실체여야 한다.

초보 작가들은 소설에 자아가 있는 로봇이나 복제인간 같은 것을 툭 던져놓고는 그것 이외의 다른 모든 사회 양상이나 사람들의 사고방식은 지금 우리가 사는 세계와 똑같은 모습으로 만들어놓는다.

물론 그 소설을 읽는 독자는 현대를 사는 지구인이므로 현실에 사는 독자를 배려할 필요는 있다. 하지만 세상에 자아가 있는 로봇이 생겨났는데, 그 기술이 우리가 아는 세계를 변화시키지 않으면 그것은 실체일 수가 없다. 은유에 불과하다.

은유는 관념이다. 백일몽이자 허상이다. 나는 그런 소설을 보면 결국 SF를 시적인 비유로 활용한 사실주의 문학이라고 느끼고 만다.

좋은 SF는 실재하는 세계를 근거로 실재하는 세계를 창조한다.

SF의 소재는 현실에 있다

조금 더 들어가보자. 초보 작가들 중에는 SF를 SF에서만 공부하려 드는 이들이 있다. 이들은 시간여행이나 우주여행, 로봇, 복제인간에 대해서 소설을 읽는 것만으로 지식을 얻을 수 있다고 믿는다(당연히, 그들이 아예 소설도 보지 않는 사람보다는 훨씬 낫다).

하지만 소설로만 SF를 탐구하면 잘해야 유사품이며 베

끗하면 표절이 된다. 많은 고전 SF는 이미 과거의 것이며, 그 소설을 쓴 작가들은 현대 과학기술을 알지 못했다. 또한 SF 작가는 소재를 소설적으로 왜곡하고 흐릿하게 묘사한다. 이미 왜곡된 것으로부터 이야기를 만들려 들면, 인공지능 그림을 참조하는 인공지능처럼 더 흐릿한 것을 만들게 된다(다시 말하지만, 여전히 아예 SF를 보지 않는 것보다야 훨씬 낫다).

더 중요한 문제는 SF의 거의 모든 소재가 이미 현실에 있다는 점이다. 시간은 현실에 있다. 과학은 시간을 구체적으로 탐구하고 있다. 우주여행도 현실에 있다. 많은 사람이 우주에 다녀왔고 로봇은 더 멀리까지 갔다. 로봇도 현실에 있다. 실제로 만들고 작동시키는 사람이 있다. 복제 기술도 낱낱이 알려져 있다. 인공지능은 일상에서 활용되고 있다.

로봇이 아직 세상에 존재한 적이 없었을 때, 카렐 차페크가 '로봇robot'이라는 단어를 처음 세상에 내놓았을 때, 로봇은 아직 은유였다. 하지만 지금은 아니다.

그런데 어떤 사람들은 이 사실을 믿지 못한다. 이들은 SF의 소재가 현실에 존재한다는 사실을 믿어본 적이 없다. 사람의 상상에서 나온 환상이며 꿈이라고 믿는다.

나는 예전에 어떤 작가가 화성을 배경으로 소설을 쓰면서 "내가 화성에 가볼 수는 없잖아요. 그러니 상상으로 그릴 수밖에요." 하고 말하는 것을 들은 적이 있다. 나는 기겁했다. 이게 무슨 소리인가. 화성에 대해서는 인류에게 이미 널리 알려져 있다. 당신은 유튜브에서 화성의 실시간 풍경도 볼 수 있다. 당신은 최소한 한 번도 가본 적이 없는 외국에 대해 알아보는 것과 비슷한 수준으로는 화성에 대해 알아볼 수 있다. 내가 보기에 그 사람은 마치 화성이 현실에 존재한다는 것을 믿지 못하는 것처럼 보였다.

놀랍게도 이 또한 타인에게 주관이 있다는 것을 가르치기 어려운 것만큼이나 이해시키기 어려운 점이었다. 어떤 사람들은 자기가 체험으로 접하지 못한 것은 존재한다고 믿지 못한다. 혀끝에서는 있다고 말해도 느끼지는 못한다. 이들의 현실에는 우주도, 로봇도 없다. 태양은 지구 주위를 돌고 전기와 수도는 요정이 마법으로 생산하며, 쓰레기는 미지의 차원으로 사라져 정화된다.

SF를 좋아하지 않는 감독이 만든 SF는 그래서 형편없어진다. 그들은 우주도, 로봇도 믿어본 적이 없기에 현실을 배경으로 썼다면 절대로 넣지 않았을 모순을 이야기에 산더미처럼 쏟아넣는다. 이는 상상력이 부족한 것이 아니라 현실감각이 없는 것이다. 그런 비현실성으로 SF를 만들면서 화려한 CG와 투자받은 예산 규모가 관객에게 감동을 주리라 믿는다.

당신이 사실주의 소설을 쓴다고 생각해보자. 이를테면 이순신에 대한 소설을 쓴다고 생각해보자. 당신은 이순신을 현실에서 만나 본 적이 없다. 만날 도리가 없는 줄도 안다. 그렇지만 당신은 이순신이 실재한 인물인 줄은 안다. 문학적 은유나 상징이 아닌 줄을 안다.

이순신에 대해서는 한국인이라면 누구나 웬만큼은 알고 있으니, 당신도 그럴 것이다. 하지만 당신이 소설을 쓰려 한다면, 대중이 누구나 아는 수준에서 집필을 시작하려 들지는 않을 것이다. 오만방자한 일이기 때문이다. 최소한 기존에 나온 소설을 살펴보고, 이전 작가들이 어떤 이야기를 했는지 살펴볼 것이다. 참조할 것은 참조하되 차별화된 시도를 하려 할 것이다.

당연히 소설만 읽고 알 것은 다 알았다며 조사를 멈추지도 않을 것이다. 당신은 소설이라는 매체가 얼마나 오류가 많으며, 사실과 거짓을 뒤섞는지 잘 안다. 그러므로 참고는 하되 가능한 1차 자료를 중심으로 탐구할 것이다.

그렇다고 역사학자 수준으로 공부하거나 임진왜란사의 권위자가 될 생각은 꿈에도 없을 것이다. 당신은 작가지 학자가 아니다. 한편으로 '아, 내가 사학과를 나오지 않아서!' 하고 '역알못'이라고 중얼거리며 글쓰기를 포기하는 일도 없을 것이다. 그저 나름대로 공부하고, 주어진 자료를 당신만의 방식으로 해석하며, 궁극적으로는 스토리텔링에 집중할 것이다.

SF 쓰기도 이와 같다.

핵심을 틀려라
― 그리고 쓸데없는 것은 정확하라

SF 장에는 오래전부터 두 가지 모순된 충고가 돌아다닌다.

- SF의 과학은 틀려도 된다.
- SF는 과학적으로 엄밀하고 말이 되어야 한다.

SF를 처음 쓰는 사람들은 흔히 이 두 충고 사이에서 혼란스러워한다. 뭐 어쩌라는 건가? 또 한편으로 아무래도 '틀려도 된다'에 더 마음이 기울 것이다. 공부 안 해도 될 것 같고 더 쉬워 보이기 때문이다.

오늘 내가 썩 괜찮은 답을 주고자 한다.

- 소설에서 가장 핵심적인 것은 틀려라.
- 그 외의 쓸데없는 것들은 과학적으로 엄밀하라.

SF소설에서 가장 핵심적인 것은 틀려야 한다.

이것이 틀리지 않으면 SF는 시작되지도 않는다. 이 '틀려야 하는' 것이 바로 내가 앞에서 말한 주설정이다. 세계 전체에 영향을 미치는 단 하나의 요인이며, 그 소설 속 세계를 우리가 사는 세계와 다르게 바꾸는 가장 중요한 설정이다. 그것은 대놓고, 거침없이, 망설임 없이, 주저하지 말고, 냅다, 뻔뻔하게, 배 째라, 틀려야 한다.

그 외의 사소한 것들, 소설에서 쓸데없고 중요하지 않은 모든 것들은 최선을 다해 엄밀하라.

이것들은 '틀려도 되는' 것이 아니라 '틀려보았자 소용이 없다'. 틀려도 소설을 미학적으로 아름답게 하지 않는다. 그저 내적 논리를 무너뜨리고 독자의 몰입을 방해할 뿐이다. 그러므로 소설의 곁가지들, 의미 없는 부분들은 자기 능력껏, 최대한, 꼼꼼하게, 최선을 다해 말이 되도록 애써야 한다.

더 자세히 설명해보겠다.

하드SF는 정확하지 않다

하드SF의 정수로 흔히 언급되는 그렉 이건의 《쿼런틴》을 생각해보자. '왜 한국인은 이런 소설을 못 쓰는가'의 예시로 종종 끌려 나와 한국 작가를 괴롭히는 작품이다(그러지 좀 말자).

그러면 《쿼런틴》은 과학적으로 정확한가? 물론 많은 부분에서 그러하다. 하지만 핵심적인 점만은 그렇지 않다. 이 소설은 결국 거시 세계가 미시 세계처럼 불확정한 가능성으로 확장되는 이야기다. 이것은 불가능하다. 현재 기술로 불가능한 것이 아니라 우리 우주에서는 영영 불가능할 것이다.

하지만 바로 그 부분이 틀리지 않으면 이 소설은 시작도 할 수 없다. 이 소설은 바로 그 지점을 향해 달려가기 때문이다. 대신 그 핵심만 틀리고 나머지 부분은 최대한 과학적인 근거 하에서 진행된다.

마찬가지로 하드SF의 대표 주자로 언급되는 테드 창의 단편 〈바빌론의 탑〉을 생각해보자. 이 소설 속 세계는 원통형이며, 탑을 쌓아 올라가다 보면 세계의 반대편인 지상에 이른다. 알다시피 우리가 사는 세계는 원통형이 아니다. 이 세계가 다른 우주일 수도 있지만 명확히 설명되지 않는다. 더해서, 그렇게 높은 건축물을 고전적인 재료와 건축 공법으로 쌓을 수는 있을까? 그럴 것 같지도 않다.

하지만 세계가 원통형이 아니고, 하늘에 이르는 탑을 고전적인 건축법으로 쌓을 수 없다면 이 소설은 시작되지도 않는다. 테드 창은 그 부분을 대놓고, 뻔뻔스럽게, 거침없이 틀린다. 그렇기에 그 설정은 독자에게 쾌감을 준다. 반면 그 외의 중요하지 않은 모든 부분, 벽을 뚫고, 쌓고, 탑을 세워가는 과정은 과학적으로 엄밀하며, 많은 자료 조사를 거쳤음이 분명한 현실적인 서술로 채워져 있다. 이 또한 같은 이치로 쾌감을 준다.

내 소설 《종의 기원담》에는 의식과 자아를 가진 로봇들이 등장한다. 기계가 의지와 자아를 가질 수 있을까? 나는 다소 회의적이다. 그 까닭은 인류가 아직 자아를 이해하지 못하기 때문이다. 인간이 과연 스스로 이해하지 못하는 것을 창조할 수 있을까? 하지만 그렇다고 내가 이 회의를 소설에 반영한다면 《종의 기원담》은 세상에 태어나지 못했을 것이다. 이 작품은 '정말로 기계에게 자아가 있다면' 그들이 보는 세상이 우리와 어떻게 다를 것인가를 탐구하는 소설이기 때문이다.

한편으로 이 소설에서는 섭씨 -80도 정도가 기계에 적당한 환경이라고 나온다. 현실의 기계는 그렇게 낮은 온도에서는 쉽게 고장 난다. 하지만 앞서도 말했듯이, 이 소설에서 보다 중요한 설정은 유기생물이 세상에서 사라지는 것이다. 유기생물이 세상에 없는 이유는 성층권의 검은 구름으로 태양열이 차단되었고, 전 세계가 얼어붙어 생존에 필수적인 물이 모두 암석이나 다름없는 얼음으로 존재하기 때문이다.

하지만 만약 여기서 내가 '기계도 그렇게 낮은 온도에서는 활동하기 어려우니까' 하면서 이 세계에서 기계마저 없애버리면? 혹은 온도를 올려버리면? 마찬가지로 이 소설은 시작할 수도 없다.

기계들은 아마도 지금 우리가 쓰는 연료보다 어는점이 훨씬 낮은 다른 연료를 쓰고 있을 것이다. 그렇다고 그것을 설명하지는 않는다. 핵심적인 부분이기에 설명할 필요가 없다. 하지만 그 외의 다른 부분은 최선을 다해 엄밀하고자 했다.

정리하자면 이렇다.

1) 소설에서 가장 핵심적인 것 하나를 틀려라. 대놓고, 거침없이, 망설임 없이, 주저하지 말고, 냅다, 배 째라, 뻔뻔하게

과학에 대해 많이 알고 그렇기에 좋은 SF를 쓸 자질이 있는 많은 과학자와 과학도들이 이 원칙을 이해하지 못하기에 소설을 시작하지도 못한다. 이들은 시간여행이나 순간이동, 초광속, 초능력 같은 것이 나오면 한숨을 푸욱 쉬며 "아유, 내가 아는 것이 너무 많아서 SF를 못 쓰겠네"라고 말한다. 아는 것이 많아서가 아니라 '틀려야 함'을 이해하지 못하는 것이다.

과학은 이전에 불가능했던 많은 것을 가능하게 하고 있지만, 이제는 이 우주에서 영원히 불가능한 것들도 하나둘씩 밝혀내고 있다. 거시 세계는 불확정할 수 없고, 시간여행은 불가능하고, 순간이동도 마찬가지며, 초광속 여행도 우리 우주에서는 영원히 불가능할 것이다. 하지만 바로 그 부분을 틀리지 않으면 SF는 태어나지 않는다.

만약 당신이 그 부분을 견딜 수 없어 몸이 배배 꼬인다면 픽션을 쓸 운명이 아니다. 학문에 열중하기 바란다. 그것도 당연히 좋은 일이다.

2) 그 외의 사소한 것은 최선을 다해 과학적으로 엄밀하라

한편, 어떤 소설가들은 소설 안에서 이런저런 것들을 다 틀려놓고 "SF의 과학은 틀려도 되니까"라고 읊조리며 하하, 웃고는 이불 펴고 잠이나 자러 간다.

그렇지 않다. 소설의 핵심을 제외한 나머지 모든 것은 작가로서 열심히 공부하고 조사해서 최대한 합당하고 그럴듯한 이야기를 해야 한다. 내적 논리를 무시한 중구난방의 세상을 만들고 독자가 몰입하기를 바라는 것은 아이 같은 어리광이다.

이것은 절대로 모든 것을 정확하게 쓰라는 말이 아니다. 단지 작가라면 적어도 독자들이 소설을 읽는 동안만큼은 몰입에서 튕겨 나오지 않을 정도로는 세계가 개연성이 있도록 최선을 다해야 한다. 그 개연성의 해상도가 높은 만큼 몰입감은 커진다.

틀릴 때는 이유가 필요하다

'틀림'의 문제를 더 들어가보자. 당신이 소설에서 무엇을 틀릴 때는 이유가 필요하다.

'스타워즈' 시리즈에는 초광속 우주선 팔콘이 등장한다. 스타워즈 팬이라면 모두 좋아하는 우주선이다. 물론 현실에서 물체는 광속을 넘어설 수 없다. 하지만 영화 보는데 옆에서 "물체는 초광속으로 날 수 없어……"라고 말하는 사람이 있다면 다시는 같이 안 놀고 싶을 것이다. 이 초광속 우주선은 주인공들이 위기에 빠졌을 때 이를 타개하는 중요한 수단이다. 관객이 팔콘을 사랑하는 이유다.

그런데 만약 팔콘이 스토리텔링에 아무 쓸모가 없다면? 팔콘은 초광속으로 날지 말아야 한다.

중요하니까 두 번 말한다. 팔콘이 이야기에서 중요한 역할을 하지 않는다면 과학적인 엄밀함을 지켜야 한다. 그러지 않으면 관객은 어떻게 우주선이 초광속으로 날 수 있냐며 화를 낼 것이다. 그때 작가가 "아니, SF가 왜 말이 되어야 하는데……"라며 투덜거리면 곤란하다. 그 우주선이 문제가 된 이유는 비과학적이어서가 아니다. 역할을 하지 않아서다.

광선검도 마찬가지다. 누가 영화 보다가 "빛은 나가다 멈추지 않으며……"라고 중얼거리고 있다면 아무도 같이 안 놀아줄 것이다. 하지만 나가다가 멈추는 빛으로 이루어진 광선검은 스타워즈 전체에서 다른 어떤 무기도 하지 못하는 중요한 역할을 한다. 그렇기에 팬들은 광선검에 열광한다.

이것은 말하자면 '체호프의 총' 원칙이다. 러시아의 작가 안톤 체호프가 제시한 법칙으로, 그 내용은 다음과 같다.

이야기와 직접적인 관계가 없는 것들은 무자비하게 버려야 한다. 1장에서 총이 나왔다면 2장이나 3장에서는 반드시 총을 쏴야 하며, 쏘지 않을 것이라면 과감하게 없애야 한다.[30]

만약 당신의 소설에서 차가 하늘을 날았는데, 그 차가 바퀴로 달리는 차와 하는 일이 아무 차이가 없다면 날지 말아야 한다. 1장에서 차가 날았다면, 2장이나 3장에서 그 차는 바퀴로 달렸을 때는 절대로 할 수 없었던 무엇인가를 해야 한다. 그러지 않을 거면 미련 없이 그 설정을 버리고, 평범하게 바퀴로 달리는 것이 낫다.

과학적으로 특별히 틀리지는 않더라도, 통상적으로 낯선 것이 등장할 때도 마찬가지다. 당신의 소설에 로봇이 등장했는데, 그 로봇이 하는 역할을 인간도 똑같이 할 수 있다면 그것이 로봇일 이유가 없다. 1장에서 로봇이 나왔다면, 2장이나 3장에서 그 로봇은 인간이라면 절대로 할 수 없는 무엇인가를 하고 물러나야 한다. 그러지 않을 거라면 차라리 그냥 인간인 것이 낫다.

그래서 나는 감정이 없다든가, 마음이 없다든가, 사회에서 차별받는다든가 하는 시시한 용도로 로봇을 쓰는 것을 좋아하지 않는다. 마음이 없는 인간은 세상에 얼마든지 있고 차별받는 인간도 산더미처럼 많다. 인간과 다름없는 역할만 하고 퇴장한다면 왜 로봇을 쓰는가?

디즈니플러스 드라마 시리즈 '만달로리안'에서, 만달로리안은 살아 있는 누구에게도 얼굴을 보여주면 안 되는 규칙을 지키며 사는 전사 종족이다. 그러다 이 종족인 주인공이 상처를 치료하기 위해 남에게 얼굴을 보여야만 할 처지에 놓인다. 주인공은 종족의 규칙을 어기느니 죽으려 한다. 이때 옆에 있던 로봇이 말한다. "나는 살아 있지 않습니다."

이것은 인류가 할 수 없는 일이다. 어떤 유기생물도 불가능하다. 기계 생명만이 할 수 있는 일이다. 이 짧고도 단순한 장면이 바로 우리가 그 로봇을 사랑하게 되는 순간이다. 그 존재가 로봇이어야만 함을 증명했기 때문이다.

부디 소설에 신기한 물건이나 설정을 무더기로 쏟아내는 것이 독자를 즐겁게 하리라는 착각은 버려라. 이는 시각 매체와 언어 매체를 혼동하는 것이다. 영상이나 그림은 신기한 물건이 화면에 가득 차 있으면 그것만으로도 즐거움을 준다. 하지만 소설은 언어 예술이다. 언어는 선형적이라 순서대로 쓸 수밖에 없다.[31] 시각 매체는 아름다운 물건이 수만 개 있는 화면도, 아무것도 없는 화면과 똑같이 일 초의 시간만을 소비한다. 하지만 언어로 무수히 많은 아름다운 물건을 보여주려면 많은 지면과 읽는 시간을 소비해야 한다. 독자가 들인 시간에는 의미가 있어야 한다. 그러므로 소설에 무엇이 들어갔을 때는 의미가 있어야 한다.

예외

물론 예외도 있다. 만약 그 존재만으로도 독자를 홀리게 하고 가슴을 뛰게 할 만큼 아름다운 총이 있다면 쏘지 않아도 된다. 그것만으로 쓸모와 역할을 하기 때문이다.

조지 R. R. 마틴의 《나이트플라이어》에는 우주를 초고속으로 항해하는 눈부시도록 아름다운 존재가 등장한다.

소설에서 이 존재는 거의 아무 역할도 하지 않는다. 아름다울 뿐이다. 만약 이 존재가 아름다움 이외의 다른 역할을 했다면 이 소설이 그만큼 아름답지도 않았을 것이다. 매기 강, 크리스 아펠한스 감독의 애니메이션 〈케이팝 데몬 헌터스〉의 까치와 호랑이를 생각해보자. 이들은 귀여움으로 쓸모를 다한다.

단지 이런 기법이 쉽지는 않다. 역할을 넘어서는 미학을 구현해야 하기 때문이다.

명백히 틀린 것은 설명하지 말라

더 들어가보겠다. 나는 핵심을 틀리라고 했고, 또 대놓고 뻔뻔하게 틀려야 한다고 했다. 그렇게 틀렸으면, 부디 설명하지 말라.

당신이 시간여행의 원리나 초광속의 법칙을 설명할 수 있다면 지금 소설 따위를 쓰고 있을 때가 아니다. 신세기의 신이 되어 가난과 전쟁을 멈추고 인류를 구하기를 바란다. 그런데도 신세기의 신이 아닌 많은 초보 작가가 이런 것들의 원리를 설명하느라 불필요하게 지면을 낭비한다.

그것이 소설을 그럴듯하게 만들어주리라 착각한다. 하지만 당신이 어떤 설명을 하든, 그 시도만으로 지식의 부족함을 드러내며, 결국 당신이 SF에 익숙하지 않다는 티만 내고 만다. 세계적인 박사가 등장해서 시간여행의 원리를 설명하는 장면은 끔찍하도록 민망한 풍경이다.

이런 시도 중에서 예외적으로 괜찮은 풍경은 게임 〈슈타인즈 게이트〉 초반의 시간여행 이론에 대한 연설 장면인데, 여기서는 현존하는 거의 모든 시간여행 이론을 총망라해서 설명한다. 게임이 방대한 지면을 제공하기에 가능한 장면이기도 하다. 그보다 나은 연설 하기 쉽지 않다.

'타임머신'이라는 말을 처음 고안한 H. G. 웰스의 시간여행 설명을 보자. 웰스는 시간도 3차원 공간처럼 공간의 제4의 축이므로, 비행기라는 탈것으로 수직이라는 새로운 축으로 이동할 수 있듯이, 탈것을 통해 시간축을 이동할 수 있으리라고 했다. 이 설명 덕에 웰스 이후로 타임머신은 움직이는 탈것이 되었다. 최초의 타임머신 소설마저도 이미 그럴싸한 헛소리를 했다. 그보다 나은 소리 하기 쉽지 않다. 우리 후대 창작자들은 겸손할 필요가 있다.

틀렸음을 알고, 믿으라

뻔뻔하게 틀리라.

그런 뒤에는 틀렸음을 알라. 그걸 모르면 또 다른 측면에서 문제가 있다. 일상생활에 문제가 있을 것이다. 그 뒤에는 그 틀린 세계를 진심으로 믿으라. 진심으로 믿고 그 진실함 속에서 세계를 펼쳐나가라.

조지 밀러 감독의 '매드 맥스' 시리즈를 생각해보라. 이 세계는 문명이 멸망한 뒤 휘발유가 권력의 중심이 된 세계다. 조금만 생각해도 '그래도 다른 것도 좀 중요하지 않을까?' 싶다. 하지만 그 세계는 감독의 설정에 한 치도 어긋남 없이 움직인다. 사막을 질주하는 정신 나간 자동차들을 내내 보여주는 것으로 관객이 그 설정을 신뢰하고 환호하게 한다.

얼마나 뻔뻔하게 틀렸는가가 독자에게 쾌감을 주며, 그 틀린 세계를 얼마나 엄밀하게 펼쳐나갔는가가 두 번째 쾌감을 준다. 둘은 상호 보완적이며 어느 하나만으로는 SF가 충분히 아름다워지지 않는다.

시간은 상대적으로 흐른다

시간은 상대적으로 흐른다. 절대시간은 존재하지 않는다. 시간은 속도에 따라 변하며 어디서 관측하는가에 따라 변한다. 이는 다각도로 증명된 사실이며 이견의 여지가 없다.

주관적으로도 시간은 상대적이다. 즐거운 시절은 화살처럼 지나간다. 하지만 그렇게 눈 깜박할 새 지나간 시간을 돌이켜 회상하면 무한처럼 길게 느껴진다. 뇌가 당시의 정보를 소중히 여겨 많이 저장했기 때문이다.[32] 늘어난 시간의 길이는 추억의 소중함에 비례한다. 반면 지루한 시간은 굼벵이처럼 느리게 흐른다. 하지만 돌이켜보면 존재한 적도 없었던 듯 느껴진다. 뇌가 불필요한 정보라 여겨 삭제했기 때문이다.

여행을 떠나면 가는 길은 느려도 돌아오는 길은 빨라진 기분이 든다. 처음 가는 길은 새로운 정보가 많아서 뇌가 기억에 많이 남기기에 길어진다. 돌아오는 길은 이미 저장한 정보가 반복되기에 뇌가 불필요한 부분을 삭제하므로 짧아진다.[33] 어린 시절은 느리게 흐르고 늙으면 빨라진다.[34] 여행을 떠나고 돌아오는 길과 마찬가지로 아이들에게는 모든 것이 낯설고 새롭기에 기억할 것이 많아 시간이 늘어나지만, 늙으면 모든 것이 익숙해져 기억에서 삭제되기에 짧아진다. 연기에 몰입하는 배우의 눈빛은 일 초 사이에도 수십 번 변한다. 배우가 몰입하면 내적 시간이 느려지기에 다른 사람이 보기에는 한순간에 무수한 감정이 오가는 것처럼 보인다. 몰입하지 않는 배우의 눈빛은 멀거니 멈춰 있다. 그러므로 시간은 과학적으로도 상대적이며 주관적으로도 상대적이다.

하지만 많은 초보 작가가 소설을 절대시간으로 쓰는 실수를 한다. 현대사회가 매분 매초 같은 속도로 움직이는 시계에 맞춰 돌아가는 탓에 일어나는 착각이다. 하지만 소설을 체험하는 독자의 내적 시간은 사건의 중요도에 따라 변화한다.

작가가 만약 절대시간으로 소설을 쓰면 독자 눈에는 빠르게 흘러야 할 부분은 느리게, 느리게 흘러야 할 부분은 빠르게 지나간다. 서두는 지리하고 느리게 지나가며, 결말은 무슨 일이 일어났는지도 모르게 어영부영 끝난다. 중요하지 않은 장면은 불필요하게 꼼꼼하며, 중요한 장면은 어이없을 만치 어설프게 마무리된다.

중요한 순간에서 멈추라

웹소설이 유행하던 초창기, 어차피 독자는 대화만 읽고 서술은 넘긴다면서, 대화문 앞에 캐릭터 이모지를 넣고 대화로만 소설을 구성하려 했던 때가 있다. 이제 그런 시도는 싹 사라진 것으로 안다. 대화로만 인물을 구별하게 하고 사건을 이해시키려면 도리어 엄청난 필력이 필요하다.

설령 오직 대화만 읽고 그 사이에 있는 서술을 전부 안 읽고 넘기는 독자가 있다고 해도 서술은 필요하다.

예시 1)

"안녕."

"잘 있어."

예시 2)

"안녕."

그의 눈이 촉촉해졌다. 손이 파르르 떨렸다. 나는 그의 눈을 마주보았다.

"잘 있어."

예시 3)

"안녕."

태양이 서녘으로 기울었다. 새들이 전신주에서 우수수 날아갔다. 바람이 불어와 그와 나의 사이를 지나갔다.

"잘 있어."

예시 4)

"안녕."

신호등이 켜졌다. 차들이 경적을 울리며 우리 뒤로 지나갔다. 사람들이 횡단보도에서 무리 지어 지나갔다.

"잘 있어."

예시 3), 예시 4)는 상황과 아무 관계 없는 소리를 하는데도 예시 2)와 거의 같은 효과를 준다.

늘어난 서술의 분량, 그로 인해 생겨난 대화의 간격은 두 사람 사이에서 시간이 느려지고 있다는 것을 보여준다. 서술을 넘기고 대화만 읽는 독자에게도 같은 느낌을 준다.

느려짐은 두 사람의 마음에서 일어나는 것이다. 두 사람이 이 순간을 소중하고 의미 있는 시간으로 느끼는 것이다. 느려진 시간은 헤어지기 싫어하는 마음의 깊이다.

당신의 소설에서 가장 중요한 순간이 어딘지 보라. 그 시간에서 멈추라. 멈추고 주위를 둘러보라. 보고 듣고 냄새 맡으라. 날씨를 느끼라. 함께 하는 사람의 표정과 눈빛을 살피라. 주인공의 내면도 살피라. 달아오른 체온과 호흡의 변화, 흐르는 땀, 약동하는 맥박을 느끼라.

반대로 중요하지 않은 부분은 **빠르게** 지나가라. 소설의 어떤 부분이 지루해졌다면 독자가 중요하게 느끼지 않는 시간을 작가가 느리게 지나간 것이다.

물론 작가가 충분히 몰입했다면 이런 이론을 생각하지

않아도 자연스럽게 시간을 조절한다. 작가의 내면도 소설 속 인물의 시간 흐름에 따라 같이 느려지고 빨라지기 때문이다. 나중에도 말하겠지만 작가가 몰입할 수만 있다면 거의 모든 이론이 불필요하다. 작법론은 실상 작가가 언제나 몰입할 수는 없기에 필요하다.

결말은 서두보다 중요하다

많은 작가가 소설의 첫 부분부터 순서대로 글을 쓴다. 앞부분은 매일 되풀이해 보면서 점점 풍성해지지만 결말은 마감도 닥쳤겠다, 시간상 한 번만 보고 끝나는 경우가 많다. 창작에 용두사미가 많은 이유다.

하지만 실제로 사람에게 글을 읽고 기억하게 하면, 가장 잘 기억하는 부분은 결말이다. 가장 최근에 본 것이라서다. 이것을 최신효과recency effect라고 한다. 관중이 투표하는 노래 경연에서도 마지막으로 부른 사람이 높은 점수를 받기 쉽다. 가장 인상에 남기 때문이다. 그래서 요새 경연은 1 대 1, 혹은 2 대 2 대결 서바이벌 방식으로 많이 바뀌었다. 그다음으로 잘 기억나는 부분은 그 바로 앞이 아니라 맨 처음이다. 이것을 초두효과primacy effect라고 한다.[35] 첫인상이 쉽게 변하지 않는 이유다.

그러므로 소설에서 서두는 중요하다. 첫인상이 변하지 않고 기억에 남기 때문이다. 소설의 첫 문장, 주인공의 첫 대화는 몹시 중요하다. 소설 전체의 인상, 그 인물의 인상을 결정지을 말로 골라서 할 필요가 있다.

하지만 결말은 서두보다 더욱더 중요하다. 결말이 더 기억에 남기 때문이다. 그런데도 많은 초보 작가가 결말을 서두만큼 열심히 쓰지 않는다. 독자에게 결말은 서두보다 중요한 시간이므로 이런 글은 어정쩡하게 끝나는 것처럼 느껴진다.

이를 해결하는 한 가지 방법은 소설을 퇴고할 때 한 번쯤은 뒤에서부터 쓰는 것이다. 그리고 서두에서 반복한 만큼은 결말을 반복해서 볼 필요가 있다. 서두를 쓰는 감각으로 결말을 쓰라.

소설 안의 다른 중요한 부분도 마찬가지다. 서두를 쓰는 감각으로 중요한 부분을 쓰라.

부분적으로 느려지게 하기

나는 전에 지브리 스튜디오 프로듀서가 쓴《콘텐츠의 비밀》이라는 책에서 재미있는 내용을 읽었다. 미야자키 하야오 감독이 〈벼랑 위의 포뇨〉를 제작할 때, 일부러 선을 완벽하게 그리지 말고 삐뚤삐뚤하게 그리라고 했다는 것이다. 반듯한 선은 늘 보기 때문에 금방 싫증난다고 한다.[36] 저자는 인상에 남기고 싶은 부분에 일부러 악문을 쓰는 작가도 소개한다.[37] 조나 레러의 작법서《지루하면 죽는다》에도 비슷한 말이 나온다. '형태가 낯설고 가독성이 떨어지는 서체' '이해하기 어려운 단어'가 때로 집중력을 높인다는 것이다.[38]

나도 간혹 소설에서 그런 식의 속도 조절을 한다. 내가 쓰는 사소한 방법 중 하나는 한자 단어를 쓰고 한자 병기를 하는 것이다.

어떤 잔인한 신의 적자赤子였을까, 아니면······.

_《종의 기원담》

이 문장을 다음과 비교해보자.

어떤 잔인한 신의 적자였을까. 아니면······.

이제 와서 고백하거니와, 이제 한자가 정규 교육 과정에 들어가지 않기에 나는 독자가 한자를 읽으리라고 기대하지 않는다. 내가 한자를 넣는 이유는 그 부분에서 읽는 속도가 느려지기를 바라서다. 독자가 '뭐야? 중요한 단어인가?' 하며 멈칫하기를 바라서다.

물론 원칙적으로는 동음이의어가 있는 단어나 어려운 단어를 쓸 때 의미를 혼동하지 않도록 병기한다. 하지만 더 중요한 목적은 속도 조절이다. 같은 이유로, 독자가 빨리 읽고 넘어가기를 바라는 부분에서는 병기하지 않는다.

이 원칙을 다른 면에서 생각해보자. 중요하지 않은 곳에 어려운 한자를 연속적으로 쓰면 독자가 '지루하다'는 느낌을 받을 수도 있을 것이다. 그 지루함은 내용이 아니라 시간의 느려짐에서 온다.

느려짐을 조절하기

SF는 다른 소설에 비해 정보량이 많다. 어려운 내용을 전해야 할 때도 많고, 독자가 상당한 과학 지식이 있다고 전제하기도 한다. SF와 다른 문학의 차별점이다. 만약 SF가 쉽기만을 요구한다면 뭔가 본질을 잊은 것이다.

하지만 정보량이 많으면 속도가 느려진다. 중요한 부분이 아닌데 속도가 느려진다면 지루해질 수 있다. 이런 부분은 느려짐을 가능한 상쇄하기 위해 명확하고 간결하며 오독할 여지가 없는 문장을 쓸 필요가 있다.

이외수 작가는 대부분의 한자어가 사어死語, 즉 죽은 말이라고 한 바 있다.[39] 한자어, 영어, 외래어는 읽는 속도를 느리게 한다. 그러니 읽기가 느려지기를 원치 않는 부분에서는 가능한 한자어와 영어와 외래어를 우리말로 바꿀 필요가 있다. 가끔은 유려하고 시적인 문장도 속도를 느리게 한다. 정보량이 많은 부분에서 말을 꾸미기까지 하면 이중으로 느려질 수 있다.

때로 이 방법론적인 문제가 'SF의 문장은 순문학과 다르다'는 말로 전해지기도 한다. SF의 문장이 전부 다른 것이 아니라, 어떤 부분에서 필요에 의해 다른 원칙이 적용되는 것이다. 이 또한 문학의 미학을 위한 것이다. SF에는 다름이 있으나 왜 다른가를 알고 말해야 한다.

빠르되 느린 글 만들기

느리게 쓴 글은 느리게 읽히고, 빨리 쓴 글은 빨리 읽힌다. 대체로 그런 듯하다. 느리게 쓴 글은 밀도가 높되 가독성이 떨어질 때가 있고, 빨리 쓴 글은 속도감과 가독성이 있되 밀도가 낮을 수 있다. 나는 개인적으로 밀도가 높은 글을 선호하지만 작가가 몇 개월, 혹은 몇 년에 걸쳐 쓴 글을 독자가 십 분 만에, 혹은 한두 시간 안에 읽으면 작가와 독자의 시간의 흐름이 어긋날 수가 있다.

내 방법 중 하나는 같은 글을 한 번은 빠르게, 한 번은 느리게 쓰는 것이다.

한 가지 방법은 자유연상으로 가능한 빠르게 쓴 뒤, 그 내용을 바꾸지 않고 따라가며 느리게 다시 쓰는 것이다. 두 번째 방법은 한 번은 느리게 쓴 뒤, 그 내용을 머릿속에 완전히 숙지하고 퇴고할 때 거의 처음부터 전부 다시 쓰다시피 빠르게 쓰는 것이다. 이렇게 두 번 쓰면 밀도와 속도감이 같이 생긴다.

《역병의 바다》는 전자의 방식으로 썼고 중편 〈얼마나 닮았는가〉와 〈종의 기원담 제3편: 있을 법하지 않은 이야기〉는 후자의 방식으로 썼다. 전자에서 중요한 점은 자유연상으로 빠르게 쓴 전개를 최대한 신뢰하여 바꾸지 않는 것이다. 후자에서 중요한 점은 그토록 긴 시간을 들여 고생하며 쓴 내용을 가차 없이 버리는 데 주저함이 없어야 한다는 것이다.

〈종의 기원담 제2편: 그 후에 있었을지도 모르는 이야기〉와 《미래로 가는 사람들》은 그런 다시 쓰는 과정 없이 문장을 하나씩 쌓아가며 썼다. 이렇게 느리지도 빠르지도 않게 일정한 속도로 쓰는 것은 가장 만족도가 높은 방식이지만 늘 일어나는 일은 아니다.

이런 글쓰기가 모두 어려울 때는 최소한 마지막에 독자의 속도로 읽으며 퇴고한다. 통상 읽는 속도에서 걸리는 부분이 없는지 검토한다. 그때 걸리는 부분은 오류가 없다 해도 너무 느리거나 빨라져 리듬이 어긋난 부분이다. 빠른 부분은 문장을 늘이고, 느린 부분은 깎아내어 리듬을 조절한다.

좋은 이야기는 음악처럼 흐른다

아름다운 음악을 들어보라. 무엇이든 좋다. 좋은 가요

를 하나 들어보라. 부드러운 도입부, 차츰 고조되는 음계, 절정에서 치닫고, 반복되고, 되풀이되고, 높이 치솟다가, 길게 늘이는 절정 부분, 긴 정적, 천천히 하강하고, 고요히 마무리된다. 좋은 리듬은 사람의 마음을 벅차게 한다. 소설도 그러하다. 물론 음악의 미학은 다양하며 음악의 리듬도 그렇다. 소설도 그러하다.

이중 구조로 전달하기

아태이론물리센터APCTP에서 주관하는 웹진《크로스로드》는 내게 처음으로 소설 의뢰를 해준 곳이다. 중단편집《멀리 가는 이야기》를 다 쓰고 쓸 만큼 썼다고 생각하던 무렵이었는데, 의뢰가 들어오는 바람에 계속 작가로서의 삶이 이어지게 되었으니 나름대로는 두 번째 계기였던 셈이다. 그런데 단편 〈땅 밑에〉의 원고를 써서 보낸 뒤에, '그런데 이게 대체 무슨 소리입니까'라는 요지의 메일을 받았다. 나중에 알고 보니 편집위원들이 토론하던 메일이 실수로 내게 날아온 것이었지만, 신인이었던 나는 꽤 초조해지고 말았다. 나는 그 소설을 한 달간 더 수정했는데, 교정지에는 여전히 빼곡하게 '이게 대체 무슨 소리입니까'가 적혀 있었다. 출간할 때 출판사에서 보내온 새 교정지에도 여기저기에 화이트로 지운 흔적이 있었다. 불빛에 비춰 보니 역시 '대체 이게 무슨 소리입니까'라는 질문이 쓰여 있었다.

스포일러를 좀 하자면 그 소설의 세계는 지구가 아니라 인공 거주구인데, 여러 번 개정한 지금도 이를 알아채지 못하는 사람이 많다. 많은 독자가 내가 반전이라고 써놓은 부분을 주인공이 보는 환상이나 내면의 세계로 해석했다(내면의 세계라니!).

단편 〈우수한 유전자〉의 반응은 좀 더 특이하다. 그 소설에는 반전이 있는데, 독자의 대략 반수가 이를 눈치채지 못한다. 이 통계는 한 대학 강사가 알려준 것이다. 그는 수업에서 종종 〈우수한 유전자〉를 교재로 썼는데, 학생의 절반이 결말을 반대로 해석하는 것이 재미있어서라고 했다. 절반은 반전을 들으면 놀라고, 절반은 어떻게 그 반전을 못 알아보는지 몰라 놀란다고 한다. 그 강사는 〈땅 밑에〉도 강의 자료로 썼는데, 그 소설은 90퍼센트가 반전을 눈치채지 못하는 바람에 재미없어 그만 썼다고 했다.

아무리 SF에 익숙한 독자가 아니라도, 반수가 넘는 일반인이 반전을 알아채지 못하는 소설이라면 어느 지점에서는 실패인지도 모른다. 두 소설을 보고 마음에 들지 않았던 독자(〈땅 밑에〉를 읽은 90퍼센트의 독자와 〈우수한 유전자〉를 읽은 50퍼센트의 독자)는 혹시 모르니 다시 살펴봐주기 바란다.

어려움은 어디에서 오는가

나는 처음에 그 '어려움'이 과학에서 온다고 생각했다. 사실 이상한 생각이기는 했다. 나는 그렇게 어려운 과학을 쓰지 않으니까. 하지만 기초적인 수학이나 기초적인 영어도 어렵다면 어려울 수 있지 않겠는가. 그래서 과학의 수준을 낮춘 작품들을 시도해보았는데, '어렵다'는 반응은 그대로였다. 독서 모임에서 내 소설 〈스크립터〉를 본 한 편집자는 "이 소설에는 무슨 말인지 모를 용어가 너무나 많이 나온다"면서 설명이 더 필요하다고 했다. 나는 도무지 그 말에 동의할 수가 없었다. 그 사람이 지적한 용어는 'NPC' '로그인' 'IP' '퀘스트' 같은 단어였으니까. 어떤 사람들에게는 처음 듣는 말일 수 있겠다 싶었지만 그걸 굳이 설명해야 하는지는 의문이 들었다(스마트폰이 이제 막 생겨난 무렵이었고, 게임을 일생 접해본 적 없는 사람이 많은 시절이었다).

당시에 편집자들은 일반 독자보다도 더 내 소설을 어려워했다. 일반문학을 탐구하던 사람들은 SF에 대한 면역이 더 없는 듯했다. 그들은 내 소설을 '생전 처음 보는' 종류라고 말하곤 했다. 신경이 쓰일 수밖에 없었다. 의뢰도, 지면도 적은 세상에서 편집자를 통과할 수 없다면 설사 내 소설을 좋아해주는 독자가 있다고 해도 출간을 할 수가 없지 않은가.

그런 것에 신경을 쓰다 슬슬 숨통이 막히던 차에 크로스로드에서 두 번째로 의뢰가 들어왔다. 나는 그날 수첩을 펴서 "무조건 하드SF"라고 크게 써두었다. "크로스로드라면 적어도 어렵다고 싫어하지는 않겠지!" 그때 나는 〈0과 1 사이〉를 쓰면서, 과학을 있는 대로 때려 넣고 시간여행 이론에 양자역학도 집어넣었다. 그런데 놀라운 일이 일어났다. 다들 그 소설을 잘 이해하는 것이다! 아무도 무슨 소리냐고 묻지 않는다!

사실 그 답은 엉뚱하게도 여성학자 정희진 씨의 책《페미니즘의 도전》을 읽다가 찾게 되었다. 정희진 씨는 페미니즘을 이야기할 때마다 어렵다는 말을 들어왔고, 그래서 혹시 자신이 너무 어려운 용어를 쓰는 건가 생각하며 조심해왔다고 한다. 하지만 어느 순간 '어려운 것'이 아니라 '익숙하지 않은 것'이라는 사실을 깨달았다고 한다.[40] 페미니즘은 일상적이고 기본적인 상식과 편견을 뒤집어야만 가능한 학문이다. 아는 만큼 보인다고 하지만, 좀 더 과격하게 말하면 뇌는 아는 것만을 본다.

초등학생 무렵에 엄마와 함께 텔레비전에서 〈터미네이터〉를 본 적이 있다. 비슷한 시기에 본 〈스타워즈〉〈에이리언〉과 마찬가지로 내 인식 전체에 충격을 주었던 작품이다. 내가 흥분과 감탄에 젖어 결말의 여운을 만끽하고 있는데 옆에서 엄마의 목소리가 들려왔다. "저게 대체 다 무슨 소리니?"

나는 어리둥절해서 답했다. "저 사람이 시간여행을 해서 과거로 가서 아들을 낳았잖아……." "시간여행이라는 게 대체 무슨 소리니?" 나는 영화를 처음부터 끝까지 설명했지만 엄마는 시간여행이 무슨 뜻인지, 시간을 거슬러 인과율이 역전된다는 게 무슨 소리인지 이해하지 못했다. 그 영화는 엄마에게 처음부터 끝까지 괴이한 영화였을 뿐이다. 그 나이의 내 지식이 엄마보다 나을 리 없었다는 것을 생각하면 그 영화의 어려움은 지식의 문제가 아니었던 것이다.

그 후에는 더 재미있는 일도 있었다. 엄마와 함께 영화 〈반지의 제왕〉을 보던 중이었다. 한참 재미있게 보던 엄마는 영화 후반 사루만이 마법을 쓰는 모습에 놀라서 내게 질문했다. "이 영화 뭐야? 현실이 아닌 거니?" 나는 놀라서 되물었다. "어디를 어떻게 봐서 이게 지금까지 현실로 보였는데?"

비슷한 사연을 한 SF 팬에게서 들은 적이 있다. 그 사람은 일반인 친구와 함께 〈스타워즈〉를 보았는데, 영화를 다 본 뒤 일반인 친구가 물었다고 한다. "그런데, 저기가 혹시 지구가 아닌 거야?"

"어디가 어떻게 하면 저게 지구일 수 있는데?"

이중 구조로 쓰기

SF의 특징을 '경이감'이라고 한다. 경이감은 우리가 겪지 못한 것, 지금까지 생각해보지는 못했지만 자신의 지성으로 충분히 이해할 수 있는 것을, 하지만 지금까지는 무심함과 편견 때문에 생각해보지 못했던 무엇인가를 한순간에 깨닫게 해주는 감각이다.

하지만 그렇다면 경이감을 느낄 수 있는 주체는 한정될 수밖에 없다. 무엇을 경이롭다고 느끼려면 그것이 너무 익숙해도 안 되고 너무 낯설어도 안 된다. 적당히 익숙해서 톡 건드리는 정도로 생각이 열릴 준비가 된, 하지만 우연히도 아직은 안 열린 사람들만 체험할 수 있는 감각이다. 그런 사람의 숫자는 적을 수밖에 없다. '익숙함'이란 사람이 살아온 방식에 따라 천차만별로 다를 수밖에 없으니까. 동일한 작품이 어떤 사람에게는 신선하고 재미있는 것이고, 어떤 사람에게는 너무 진부해서 평범한 것일 수밖에 없는 것이다.

솔직히 내 작품에 대해 '어렵다'는 평 말고도 평범하고 흔한 이야기를 한다는 평도 존재한다. 내 감각은 후자에 가깝다. 당연히 나는 내게 익숙한 이야기를 한다. 내가 좋아하고 많이 보아왔고 그래서 내가 재생산할 수 있는 이야기를 한다. 그것이 어쩌다 보니 어떤 사람들에게는 본 적도 들은 적도 없는 이야기인 것뿐이다.

생각해보면 한국은 이런 문화적 단절이 수직은 물론 수평 간에도 큰 편이다. 고작 한 세대 안에 농경문화에서 IT

문화로 이전해왔다. 한 가정 안에서도 부모와 자식이 같이 즐긴 것이 별로 없고, 같은 세대 안에서조차 마찬가지다. 'NPC'라는 용어를 일상처럼 말하는 집단이 있는 반면에 그런 말을 생전 들어본 적도 없는 집단이 같은 공간에 있는 것이다.

여기까지 생각하고 나서야 나는 소설을 이중구조로 써야겠다는 결론을 내렸다.

사람이 익숙하지 않은 부분은 아예 인지조차 하지 않고 넘어간다면, 그 부분을 전부 보지 못해도 이해할 수 있도록 이중의 스토리라인을 만들면 될 것이다. 구성을 한 줄이 아니라 두 줄로 짜는 것이다. 아주 최근의 작품은 이 생각을 적용해서 쓰고 있다.

그 생각은 영화 〈인터스텔라〉를 보고 더 분명해졌다. 그 영화는 내가 보기에 놀라울 정도로 어려웠다. 과학자들 사이에서도 논쟁거리인 온갖 최신 과학 이론이 쏟아져 나온다. 그런데 그 어려운 영화가 관객을 동원하는 것이다! 더 놀라운 것은 엄마도 그 영화를 보고 왔다는 거다. 그것도 아주 재미있는 영화였다며. 〈터미네이터〉도 〈에일리언〉도 〈반지의 제왕〉도 이해 못한 분이!

나는 조심스럽게 물었다. "어떤 이야기였는데?" 엄마가 답했다. "아버지가 딸 보고 싶어 하는 이야기 아냐?"

그러니까 이 영화는 엄마에겐 그런 이야기였다. 내게는 인류를 구하고 블랙홀의 내부를 탐사하는 이야기였는데 말이지. 솔직히 내 입장에서 딸이니 아버지니 하는 건 거대한 우주에 압도되어 보이지도 않았다. 하지만 이해할 것도 같았고, 그 영화가 관객을 동원할 수 있는 이유도 알 것 같았다. 영화에 두 개의 스토리라인이 같이 흘러가는 것이다. 그래서 둘 중 하나만 받아들여도 영화를 이해할 수 있다. 그것이 감독의 의도였든 아니든.

이렇게 생각해보면 왜 〈땅 밑에〉는 어렵고 〈0과 1 사이〉는 쉬운지 감이 잡힌다.

〈땅 밑에〉의 구조는 한 줄기다. 소설의 설정과 과학 원리를 이해할 수 없다면 결말도 이해할 수가 없다. 반면 〈0과 1 사이〉는 구조가 두 줄기다. 마침 그 소설을 쓸 당시 나는 플롯을 두 종류로 만들어놓고 어느 쪽을 고를지 고민하다가, 아예 둘을 하나로 합쳐 이야기를 만들었다. 덕분에 구조가 이중으로 흘러간다. 그래서 이 소설은 자세히 보면 시작도 둘이고 결말도 둘이다. 과학적인 부분을 아예 읽지 않아도 남은 이야기가 있는 것이다.

    실제로 많은 SF 작가들은 오래전부터 그렇게 해왔다. 대중과 쉽게 소통하는 작가들은 본능적으로 이 원리를 알고 있는 것 같다.

독자의 기억력과 집중력을 배려하기

2015년 무렵까지 한국에서 SF를 지원해온 곳은 문학계가 아니라 과학계였다. 2004년 '과학기술 창작문예'를 주최한 곳도 동아사이언스였고, 그때까지 SF 지면을 유지한 국내 유일한 매체인 《크로스로드》도 아태이론물리센터에서 주관하는 과학 웹진이다. 비정기적으로라도 SF를 실어준 곳은 《과학동아》《뉴턴》 같은 과학 잡지였고, 2015년 당시 SF 관련 공모전을 주최한 곳은 한낙원과학소설상을 제외하면 한국과학창의재단, 대전정보문화산업진흥원이었다. 지금도 계속되는 SF어워드의 주최 역시 국립과천과학관이다. 과학자나 과학도들은 늘 SF의 열성팬이었다.

그렇다 보니 SF 작가에게는 '어렵다'고 불평하는 독자와 함께 그 반대편의 독자도 있다. '쉬움'을 불평하는 독자들이다.

신인 시절에 나는 한 과학자가 이렇게 푸념하는 말을 들은 적이 있다. "예전에 SF를 읽을 때는 말이죠. 이전에 없던 새로운 과학 이론도 제시하고, 아직 과학이 개척하지 않은 분야를 예측하기도 하고, 경이감이 엄청났는데 말이죠, 요즘 SF는 그런 면이 부족해요……." 그분은 나를 슬픈 눈으로 보며 깊은 한숨을 내쉬었다. 세상이 어쩌다 이 꼴이 되었는지 모르겠다는 듯이. 그 말을 들으며 나는 생각했다. 사람 살려.

보통 소설가가 듣는 비판은 묘사력이 어떻다든가 감성이 어떻다든가, 뭐 그런 예쁘장한 것이어야 마땅하지 않은가. 내가 새로운 과학 이론을 제시하고 과학이 아직 개척하지 못한 세계를 예측할 수 있으면 《네이처》에 논문을 내고 노벨상을 타지, 왜 집구석에 틀어박혀 소설이나 쓰고 앉았냔 말이다. 저 아서 C. 클라크조차도 1960년대니 할 수 있었지 21세기에는 잘 안 될 거 같은데. 그 사람도 영국인이고 영어 쓰니까 됐지, 한국 사람이었으면 또 힘들었을 것 같은데.

하지만 그 불평의 속내는 이해할 수 있다. 어떤 경이로운 SF는 인식의 지평을 넓혀준다. 생각이 깨지며 환히 열리는 체험은 신비체험이나 다름없다. 한 번이라도 그런 황홀경을 겪고 나면 SF 말고는 눈이 안 가게 된다. 그런 체험이 자주 오기 어렵다는 것을 알면서도, 매번 혹시나 하며 찾아 헤매게 되는 것이다. 나 역시 한편으로 그러하니, 그분도 그러하셨으리라.

"요즘 SF계는 도리가 땅에 떨어져 하드SF도 안 쓰고!" 하는 독자의 한탄에 대한 작가의 불평은 여전히 은은하게 업계를 흘러 다닌다. 하지만 실제로 그런 한탄이 많고 정말로 독자 대다수가 이를 원한다면 작가들은 무슨 수를 쓰든 하드SF를 쓰고 있을 것이다. 첨언하자면 한국에도 좋은 하드SF는 적지 않게 있다. 하드SF가 없다며 한탄하는 독자가 정말 그 소설들에 열광하는지 의문이다.

나는 간혹 이들이 써달라고 하는 하드SF가 정말 하드SF일까 의문한다. 물론 열성적인 SF 팬들은 '일반 독자가 보기에' 더 어려운 작품을 선호하는 것 같기는 하다. 하지만 그 '어려움'이 '하드함'일까.

나는 영화 〈스파이더맨: 노 웨이 홈〉을 보며 새 인물이 등장할 때마다 환호하며 좋아했고, 내 지난 세월에 주는 선물 같은 영화라고 기뻐했다. 하지만 스파이더맨이나 마블 유니버스 작품을 한 번도 본 적이 없는 사람에게 이 영화는 처음부터 끝까지 무슨 말인지 모를 소리로 가득할 것이다. 물론 영화만 따로 놓고 보면 그저 신나는 액션 활극이다. 단지 그 서사가 '독자가 많은 전작을 이미 보았다'는 전제하에 흘러갈 뿐이다.

셰릴 빈트는 《에스에프 에스프리》에서 "SF 최고의 작품들은 그 영역의 새로운 추가물이자, 장르의 역사에 관한 비평적인 논평"[41]이라고 했다. SF소설계는 마치 다른 차원의 과학이 흐르는 평행우주처럼, 이전에 출간된 소설에 등장한 개념이 후대에 계승되거나, 변주되거나, 반박된다.

200년 전 메리 셸리가 시체를 모아 사람을 만들었다면, 일단 그 책을 본 독자는 같은 이야기를 다시 보길 바라지 않는다. 다음에 볼 이야기는 그 이상의 것이기를 바란다. 한번 H. G. 웰스가 타임머신을 타고 먼 미래로 가서 인류가 퇴보하는 모습을 보여주었다면, 그 책을 본 독자는 다음에는 그 이상의 것을 보길 원한다. '이미 내가 어떤 작품을 보았는지 작가가 충분히 고려해서' 자신이 아직 보지 못한 새로운 세계를, 동시에 이미 읽은 작품에서 얻은 지식도 함께 감안한 세계를 펼쳐주길 바란다. 나는 이런 소설을 원하는 마음을 '하드SF'라고 단순하게 치환해서 말하는 것이 아닌가 의심한다.

SF의 역사는 이미 긴 세월 층층이 쌓여 왔고, 그러므로 현대의 SF 팬들이 SF에 바라는 수준은 상당히 높다. 하지만 한편으로 일반 대중은 기초적인 SF도 잘 이해하지 못하곤 한다. 이들은 그 이유가 자신이 '과알못'이라서, 혹은 '문과'라서라고 생각하지만 그렇지 않다. 이들이 익숙하지 않은 것은 과학이 아니라 장르 관습이다.

이 모순적인 상황에서 사실 가장 모순적인 문제는 바로 우리들, 작가 스스로가 SF를 넘치도록 사랑하는 팬 중의 팬일 가능성이 높다는 점이다. 작가 자신을 만족시키는 글을 쓰지 않으면 글쓰기란 지속할 만한 일이 아니다. 스스로 재미없는 이야기를 무슨 수로 쓰겠는가?

이것이 SF 작가의 앞에 놓인 두 종류의 관건이다. 어려운 SF를 바라는 열성팬(본질적으로 작가 자신)을 만족시키는 동시에, 쉬운 SF를 바라는 대중도 만족시킬 필요가 생기는 것이다.

SF 쓰기는 종종 이 모순적이고 불가능한 이중 과제를 동시에 만족시킬 것을 요구한다.

정보량을 조절하기

앞서 소개한 《콘텐츠의 비밀》에는 이런 일화가 나온다. 저자는 스튜디오 지브리에 입사한 뒤 회사에서 '정보량을 조절한다'라는 말을 계속 듣는다. 정보량이 많으면 사람들이 여러 번 다시 찾는 작품이 되는데, 대신 어려워져서 아이들이 보기 힘들어지므로 정보량을 조절해야 한다는 것이다. 저자가 "그런데 정보량이 뭡니까?" 하고 묻자, 다른 프로듀서가 "그림의 정보량이란 선의 수입니다."[42]라고 답한다. 말하자면 그림에 선이 많으면 정보량은 많아진다.

이 이야기에는 결이 더 많지만 그 말 자체로도 몹시 흥미로웠다. 내용이 심오하거나 어려운 개념을 써서가 아니라 '그림에 선이 많으면 어렵다'니. 그러면 실사영화는 선이 훨씬 더 많으니 어린이가 더 어려워할까? 저자는 그렇다고 말한다. 이는 내 체험과도 같다.

소설도 마찬가지일까? 내용의 어려움과 관계없이 단순히 담긴 정보의 개수가 많으면 어려워질까?

인간의 기억 구조는 감각기억 → 단기기억 → 장기기억으로 이루어져 있다.[43] 감각으로 얻은 정보에 관심을 기울

이면 일단은 단기기억에 저장된다. 단기기억은 컴퓨터의 램과 비슷한 역할을 하며, 용량이 작아 빠른 속도로 소멸한다. 단기기억을 장기기억으로 옮겨야 비로소 기억이 저장된다. 단기기억을 장기기억으로 옮기는 가장 잘 알려진 방법은 반복 학습이다.

밀러의 '매직 넘버 7 The Magical Number Seven, Plus or Minus Two'로 잘 알려진 가설이 있다. 조지 밀러가 1956년에 발표한 것으로, 단기기억에 저장할 수 있는 정보의 개수는 7개 수준이라는 가설이다.[44] 인간 개개인의 지능 차이와는 관계없이, 애초에 인간이라는 생물이 진화할 때 확장성을 크게 간과하여 그 정도면 충분할 줄 알았던 듯하다. 그 이상을 기억하는 사람은 여러 기법을 통해 어떻게든 정보 단위를 7개 이하로 줄인다고 한다. 이 이론을 비판하는 후속 연구도 있는데, 이에 따르면 7개가 아니라 3~4개 정도라고 한다. 어느 쪽이든 인간이 한 번에 기억할 수 있는 정보의 개수는 극히 적으며, 수월하게 기억할 수 있는 정도는 1~2개로 보는 편이 좋다. 그렇다면 어려움의 관건은 정보의 내용보다 양이라는 가설은 매우 그럴듯하다.

공모전에는 여러분의 예상과는 달리 의외로 하드한 SF도 많이 투고된다. 하지만 이들 중 많은 수가 짧은 단편 안에 과학 이론을 대량으로 쏟아붓는 실수를 한다. 이런 글은 아무리 쉬운 개념을 넣어도 어렵다. 이들은 마치 교수에게 리포트를 올리는 학생처럼 소설을 쓴다. 교수는 작성자가 '얼마나 많이 아는지' 알고 싶어 하므로 이런 글에 점수를 줄 수 있겠지만, 독자는 그렇지 않다.

슬롯의 한계를 넘어서 많은 정보를 기억하게 하는 방법은 물론, 하나의 정보를 충분히 다루어 장기기억으로 넘긴 뒤 다음 정보를 제시하는 것이다.

무르 래퍼티의 소설 《식스웨이크》는 우주선에서 사고가 일어나 여섯 명의 클론이 동시에 잠에서 깨어나는 것으로 시작한다. 하지만 자세히 보면, 첫 번째 장 내내 독자가 보는 사람은 여섯 명이 아니라 마리아와 히로라는 두 사람뿐이다. 독자가 두 인물을 충분히 외우고 '그런데 다른 사람은 왜 안 나오는 거야?' 싶어질 즈음, 두 번째 장에서야 세 번째 인물이 나선다.

작품에 담긴 정보가 많으면 여러 번 다시 보게 하는 작품이 되지만 동시에 어려워진다는 말을 상기해보자. 그렇다면 정보의 양은 작가의 의도에 맞게 적절하게 조절되어야 한다.

소멸하는 집중력을 환기하기

정보량을 조절했으면 구조를 생각해보자. 독자의 집중력은 보통 초반에 가장 높고, 소설이 끝날 무렵에는 거의 남아 있지 않다.

독자의 집중력 강도

보편적인 이론에 따르면 소설의 결정적인 순간은 기, 승, 전, 결의 '전' 부분이다.

		결정적인 순간	

저 '결정적인 순간'은 소설의 중추이자 핵심이며 그간 쌓아온 갈등이 폭발하는 지점이다. 작가가 소설에 넣은 개념은 이 결정적인 순간에 가장 화려하게 쓰일 것이다. 그러지 않으면 어려운 개념이나 정보는 넣을 이유가 없으니, 혹시 넣었다면 얼른 삭제하기 바란다. 이때는 결정적인 순간이기에 감성만으로 가득한 때다. 새로운 정보를 기억

할 때가 전혀 아니다. 그러므로 이 순간이 오기 전까지 독자는 당신이 제시하는 개념을 충분히 이해하고 기억하고 있어야 한다. 만약 당신이 소설에 양자역학을 넣고자 한다면, 독자는 이 지점에서 이미 양자역학이 뭔지 감을 잡고 있어야 한다는 뜻이다. "왜 양자역학을 소설에 넣어?" 하고 기겁하는 평범하고 선량한 사람들에게는 따듯한 차 한 잔과 과자를 내어주고 도망친 뒤 계속해보자.

다시, 독자의 집중력 강도

독자의 집중력이 소멸하는 시한을 생각하면, 독자가 작가의 개념 설명을 들어줄 만큼 집중력이 살아 있는 시점은 소설의 초반뿐이다. 하지만 소설의 첫 장면은 이 소설이 앞으로 얼마나 재미있을지 증명하는 상견례 자리다. 독자가 이 소설을 계속 읽을지, 아니면 책장을 예쁘게 장식하기 위해 꽂아둘지 결정하는 가장 중요한 자리다. 첫 장면은 가장 흥미를 끌 만한 사건이어야 한다. 이때부터 세계 설정이니 개념 정리니 하는 것이 쏟아져 나왔다가는 독자들이 다 도망쳐버릴 것이다.

그러므로 설정이나 정보를 늘어놓을 수 있는 유일한 기회는 그다음뿐이다. 이때는 아직 독자의 집중력과 호의가 살아 있으며, 소설을 내려놓기에는 이미 읽어버린 초반이 아까울 때다. 기습적으로 지루한 장면을 넣을 유일한 기회다.

추리 기법을 쓰는 소설에서는 독자가 추리할 기회를 충분히 주기 위해 설명이 더 늦게 등장하기도 한다.

	설정을 늘어놓을 수 있는 유일한 기회		결정적인 순간	

그래도 여전히 설정은 처음부터 등장하는 것이 좋다. 여전히 서두는 독자의 집중력이 가장 높은 부분이기 때문이다. 서두가 독자의 흥미를 최대한 끌어야 한다는 원칙을 같이 생각하면, 서두는 작가의 주요 설정으로 발생한 흥미로운 에피소드로 꾸미는 것이 좋겠다.

하지만 여기도 설정이 나와야 한다	설정을 늘어놓을 수 있는 유일한 기회		결정적인 순간	

영화 〈어벤져스〉는 로키가 신비한 스페이스 스톤을 써서 다른 차원에서 나타나는 것으로 시작한다. 이 스페이스 스톤은 결정적인 순간에 다시 차원을 닫는 용도로 쓰인다.

게르드 브란튼베르그의 《이갈리아의 딸들》은 뱃사람이 되고 싶은 아들을 엄마와 여동생이 조롱하는 영문 모를 장면으로 시작한다. 그리고 다음 장면에서 선생님이 등장하여 남녀가 역전된 세계관을 설명한다.

물론 이 장면조차도 할 수만 있다면 에피소드에 녹이면 좋고, 주절주절 설명할 수밖에 없을 때도 가능한 한 다른 레이어를 써서 지루하지 않게 하는 것이 좋다. 존 스칼지의 《신 엔진》에서는 하위 신들이 인간의 노예가 된 세계관에 대해 초반부터 설명이 등장하지만, 이 설명을 인간이 신을 채찍으로 후려치는 충격적인 장면 속에 녹인다.

설정을 다 알려줬다! 하고 안심하지 않는 것이 좋다. 결정적인 순간은 보다시피 한참 남았고 그때가 왔을 때 독자는 설정을 까먹을 수도 있다.

그러니 잊었을 만한 부분에서 한 번쯤 더 등장시킨다. 소설이 길다면 몇 번쯤 새로 등장시키는 것이 좋다. 그러면 설정을 잊은 사람뿐 아니라, 그때 귀찮아서 안 읽고 넘어간 사람도 '뭐지, 이게?' 하며 다시 앞으로 돌아가 그게 무슨 말인지 확인할 것이다. 때로 독자는 소설의 문장을 획획 넘기며, 때로는 대사와 대사 사이의 지문을 건너뛴다. 이상한 일도 아니다.

중요한 정보를 독자가 놓치지 않게 하는 방법은 두세 번 반복해서 등장시키는 것이다. 책을 충실히 읽는 사람에게는 충분히 외우고 이해할 기회가 될 것이다. 물론 반복한다는 사실을 눈치챌 수 없게 요령껏 하자.

| 하지만 여기도 설정이 나와야 한다 | 설정을 늘어놓을 수 있는 유일한 기회 | 그리고 이쯤에서 다시 나오면 좋다, 까먹었으므로 | | 결정적인 순간 | |

드디어 결정적인 순간에 도달했다! 하지만 이때도 복병은 있다. 이미 독자의 집중력이 소멸하고 있어서 이 결정적인 장면을 놓치고 지나갈 가능성이 있다.

나는 소설의 가장 중요한 부분을 놓치거나 읽지 않고 넘어가는 독자들을 많이 만난 이후로는 중요한 장면은 세 번 강조하거나 반복한다는 원칙을 지키는 편이다. 많은 작가들이 주인공 옆에 "뭐라고?"라며 물어보는 멍청한 사람을 한 명 옆에 둔다. 이들은 초심자거나 어린아이, 아니면 작가의 세계관에 익숙하지 못한 다른 세계의 이방인이다. 이들은 주인공 옆에 찰싹 붙어 "무슨 일이야?" 혹은 "어떻게 된 거야?" "요약해서 설명해줘!" 하고 매달리며 설명을 요구한다. 우리는 이런 역할을 하는 인물을 SF 영화에서 흔히 볼 수 있다. 그들은 민폐덩어리도, 바보도 아니다! 독자의 눈높이에서 세계를 설명해주는 충실한 안내인이다.

하지만 여기도 설정이 나와야 한다	설정을 늘어놓을 수 있는 유일한 기회		그리고 이쯤에서 다시 나오면 좋다, 까먹었으므로		결정적인 순간	뭐라고?

그런데 실제로는 이 결정적인 순간을 놓치는 데다 "뭐라고?"라며 되묻는 지점까지 놓치고 넘어가는 독자도 있다.

이 때문에 결정적인 순간은 결말에서 다소 앞에 있어야 하며, 이미 할 이야기를 한 뒤에도 조금 더 이야기를 이어가는 것이 좋다. 그래야 꾸벅꾸벅 졸던 독자들이 "응?

뭐야, 이 둘은 아까까지 싸우고 있었는데 언제 결혼한 거지?" 하며 앞으로 돌아가서 확인해볼 것이다.

이렇게까지 하는 이유는, 물론 우리가 소설에 어려운 개념을 넣기를 즐기는 약간의 광기가 있는 SF 작가라서다.

하지만 여기도 설정이 나와야 한다	설정을 늘어놓을 수 있는 유일한 기회		그리고 이쯤에서 다시 나오면 좋다, 까먹었으므로	결정적인 순간	뭐라고?	더 이어가기

요약하면 다음과 같다.

독자의 집중력 강도 ➡

하지만 여기도 설정이 나와야 한다	설정을 늘어놓을 수 있는 유일한 기회		그리고 이쯤에서 다시 나오면 좋다, 까먹었으므로	결정적인 순간	뭐라고?	더 이어가기

만약 독자가 알아야 하는 개념이 많다면? 다수의 인물을 소개할 때와 마찬가지로 충분히 하나의 설정을 숙지하도록 한 뒤 다음 개념을 제시한다. '마블 시네마틱 유니버스' 시리즈의 페이즈 1은 이 과정을 정석적으로 진행한다. 한 영화에서 신비한 스톤 하나를 보여주고 그 능력을 충분히 외우게 했기 때문에, 나중에 다른 한 영화에서 다섯 개 스톤의 힘이 마구잡이로 난립하는 풍경마저도 관객이 이해할 수 있게 된다.

결국 소설도 정보 전달이다. 하고자 하는 말을 타인에게 전달해야 한다. 독자가 느슨한 집중력으로 읽어도 정보를 습득해나갈 수 있도록 구조 안에서 최선을 다해보자.

늘 그럴 필요는 없고

물론 잘 쓴 글은 모든 규칙을 벗어난다. 나는 이전에 우로부치 겐이 쓴 라이트노벨 시리즈 'Fate Zero(페이트 제로)'를 읽다가 폭소한 적이 있다. 이야기가 한참 전개되다가 갑자기 여덟 페이지에 걸쳐 총의 구조를 설명하는 장면이 등장하는 것 아닌가. 전후 맥락도 없고 그 부분을 읽지 않고 넘어가도 아무 상관이 없는, 완벽하게 아무 의미도 없는 장면이었다. 그런데 어찌나 작가가 열과 성을 다해 썼는지 그 부분을 다 읽게 되는 데다가 작가에 대한 호감도도 치솟았다. 이 정도로 미친 작가라면 믿고 볼 수 있겠다 싶었다. 때로는 독자를 이해시키려는 노력을 다 팽개친, 어려운 소설이 주는 지적인 쾌감도 있다. 소설은 많이 계산하고 써야 하지만 계산에 매몰되면 곤란하다.

한편으로 SF는 어느 정도는 어렵다. 이 또한 이해할 필요가 있다. SF가 쉽기만을 바라는 출판업자나 독자가 있다면, 아직 SF를 읽는 즐거움에 충분히 이르지 않은 사람일지도 모른다.

SF의 어려움이 SF의 매력이다. 그것이 SF 팬들이 열광하는 지점이다. 어려움 없이 깊이를 만들기 어렵고, 어려움 없이 복잡한 이야기를 하기도 어렵다. 내가 이를 최대한 구조적인 방법으로 상쇄하고자 애쓰는 것은 애초에 SF에는 어려움이 있기 때문이다.

어떤 어려움은 상쇄되지 않는다. 그럴 이유도 없다.

퇴고와 평가 듣기의 기술

퇴고의 기술

1) 글쓰기는 언제 끝나는가

나는 소설을 끝내는 때에 대해서는 오래전부터 한 가지 원칙을 지키고 있다. 비키 킹의 《21일 만에 시나리오 쓰기》라는 책에서 얻은 원칙이다. 저자에 따르면 시나리오가 마무리될 때쯤에 작가는 다음 둘 중 하나의 상태에 이른다고 한다.

(1) 영화사에서 수정하라고 요구하기 전에는 두 번 다시 시나리오를 보고 싶지 않다.

(2) 손에서 시나리오를 떼내려면 기동타격대를 불러야 할 정도다.[45]

비키 킹은 (1)에서는 아직 시나리오가 끝난 것이 아니며, (2)에서는 끝난 것이라고 말한다.

말하자면 지금 쓰는 소설이 지겹고 지긋지긋해서 다시는 쳐다보기도 싫을 때는 아직 다 쓴 것이 아니다. 반대로 종일 그 소설에 대한 생각이 머리에서 떠나지 않고, 고칠 것이 하염없이 새로 떠오르고, 이러다가는 이 소설을 영원히 붙잡고 있어야만 할 것 같을 때는 끝난 것이다.

나로서는 이 원칙이 틀렸던 적이 없다.

글을 쓰다 보면 어느 순간 (1)의 상태가 찾아온다. 지치고 지겹고 고되고 다시는 쳐다보기도 싫고 소설을 지금 당장 끝내야만 살 수 있을 것 같을 때가 온다. 하지만 그때 끝냈을 때는 결과가 그리 좋지 않았다.

설명하자면 이렇다. 작가는 제 소설을 사랑할 수밖에 없다. 그런데도 제 소설을 쳐다보기도 싫은 이유는 하나뿐이다. 아직 부족한 줄을 아는 것이다. 그런데 당장은 어떻게 고쳐야 할지도 모를 만큼 아직 제 소설을 파악하지도 못했다. 나는 이럴 때 끝낸 소설은 재교에서 새로 쓰다시피 하거나, 어쩔 수 없이 이미 출간되었을 때는 나중에 개정판을 내곤 했다.(내가 할 말은 아니지만 그러지 않아야 한다. 일단 세상에 나온 글은 작가의 것이 아니라 독자의 것이다.)

그 시기를 넘기면 비로소 (2)의 상태가 찾아온다. 소설을 끝내기 싫어지는 순간 나는 비로소 소설이 끝났음에 기뻐한다. 이때는 글을 놓아주어야 한다. 언제 끝내도 별 차이가 없다. 괜히 여기서 더 붙들다간 불필요한 군더더기가 붙을 수도 있다.

그렇다고 너무 빨리 놓아줄 필요도 없다. 이때 하루이틀 사이에 고친 것이 지난 몇 달간, 혹은 몇 년간 씨름했던 것들보다 더 중요한 사안일 때가 많다. 단편의 경우에는 하루 사이에 소설이 달라지기도 한다.

왜냐하면 이때 나는 비로소 내 소설을 전부 이해하며, 거의 모든 문장을 외우고, 주인공의 심리와 세계의 움직임을 남김없이 파악하게 되었기 때문이다. 이때는 아침부터 저녁까지 내 소설이 첫 문장부터 마지막 문장까지 쉬지 않고 스크롤되듯 반복해서 흘러간다. 잘못된 문장이나 오류가 네온사인처럼 번쩍이며 나타나곤 한다. 이 시기를 지나 내놓은 소설은 나중에도 맞춤법이나 오류 외에는 거의 고치지 않는다. 하나의 세계가 끝났고, 끝났기에 나를 떠난다.

(1)의 상태는 소설을 끝낼 것을 종용하기에 어쩌면 여러분은 (1)의 상태를 한 번도 넘겨본 적이 없고 (2)에 한 번도 도달하지 못했을 수도 있다. 마감도 있으니 더더욱 그럴 것이다. 속는 셈 치고 여유가 있을 때 한번 넘겨보라.

2) 완벽주의는 적당주의다

'완벽주의자들은 소설을 고치기만 하고 완성하지 못한다'는 말이 있다. 잘 쓰려 하기보다 일단 무엇이든 쓰는 것이 중요하다는 말이다. 좋은 충고다. 사람이 처음부터 잘 쓸 수는 없다. 처음부터 너무 잘 쓰려다 보면 아무것도 쓸 수 없게 된다. 아무것도 쓰지 않는 것보다는 세상에서 제일 형편없는 글을 쓰는 것이 훨씬 낫다.

하지만 나는 다른 이유에서 완벽주의를 경계한다. 완벽주의는 모든 것을 적당히 하는 것이라서다.

이상하게 느껴진다면 생각해보라. 모든 과목에서 만점을 받으려면 어떻게 해야 하는가? 어차피 시험에 100점 이상은 존재하지 않으므로 언어영역에서 100점을 받았다면 언어 공부를 그만두고 모자란 다른 분야, 수학 영역이나 과학탐구 영역의 100점을 향해 이동해야 한다. 거기서 100점이 되었으면 또 다른 분야로 넘어가야 한다.

완벽주의는 창작에 시험이나 학교 과제처럼 만점이 있다고 믿는 주의다. 하지만 창작에는 그런 것이 없다. 무한만이 있다. 창작은 외길이나 사다리가 아니라 펼쳐진 들판이다.* 창작은 점수를 매기는 세계가 아니다. 경지를 이루는 세계다. 경지에는 점수도 순위도 비교할 대상도 없다. 경지는 남을 앞서는 것이 아니다. 무한한 들판 어딘가에 외따로 있는 것이다.

그러므로 당신이 완벽한 소설을 쓰고자 하면 딱히 모자랄 것도 없고 뭐가 빠지지도 않고 지적할 점도 없지만 평범하고 밋밋한 것이 나오고야 만다. 이런 작품은 예술에서는 그리 사랑받지 못한다.

글은 완벽해서는 안 된다.

글은 매력적이어야 한다.

그리고 소설의 어느 부분이 매력적이려면 또 어떤 부분

---

* 중국 SF 에이전시/웹진 미래사무관리국에서 여서女書 타투 스티커를 선물받으며 이런 문구를 들었다. "삶은 궤적이 아니라 평원이다." 이 문장은 그 문구의 기억에서 떠올렸다.

은 모자라기 마련이다. 당신의 재능과 노력, 시간과 집중력에는 한계가 있다. 그러기에 명작은 어떤 부분은 기이하도록 모자라지만 어느 부분은 놀랍도록 튀어나온 삐죽삐죽한 모습으로 마무리된다.

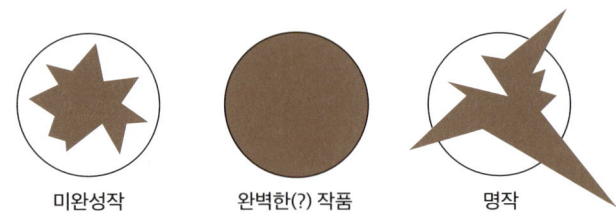

미완성작 완벽한(?) 작품 명작

장점이 곧 단점이다. 단점이 곧 장점이다. 장점이 있는 작가는 바로 그 장점에 해당하는 단점이 있다.

속도감 있는 글이 밀도까지 있기 어렵다. 고요하고 정갈한 글이 스릴 넘치고 경쾌하기 어렵다. 쉽고 가벼운 글이 무겁고 진중하기 어렵다. 소프트SF라 편하게 읽히는 글이 하드SF일 수도 없고, 하드SF라 지적인 쾌락을 주는 글이 쉬울 방법도 없다. 창작이 완벽할 수 없는 까닭은 모든 좋은 가치가 서로 대치되기 때문이다.

좋은 편집자는 작가의 소설을 교정하면서 삐죽삐죽한 것을 다듬어 둥글게 만들어주려 한다. 필요한 과정이다. 하지만 당신은 그러다 튀어나온 부분이 깎이지 않도록 정신을 차릴 필요가 있다.

왜 남겨야 하는지 말로 설명할 수 없는 뾰족하고 거친 부분을 남겨두어야 한다.[46] 다듬어 깎아야 할 부분과 튀어나와야 할 부분을 구별해서 볼 수 있어야 한다. 이는 머리로 계산하기 어렵다. 귀담아듣기와 스스로에 대한 신뢰 속에서 찾아야 한다. 몰입과 무아지경 속에서 가능한 작업이다. 퇴고는 자신을 더없이 믿으며 해야 한다.

3) 지켜야 할 부분을 보자

퇴고할 때 당신은 무엇을 고쳐야 하는지 주로 생각할 것이다. 하지만 그 이전에 무엇을 지켜야 하는지 보라.

당신이 어수룩하게 쓰거나 모자라게 쓴 부분은 어차피 아무리 고쳐도 여전히 모자라기 쉽다. 애초에 그 부분은 당신이 잘 못하는 부분이라서다. 오랜 시간을 들여 고칠 수 있을지는 몰라도 당장은 어떻게 하기 어려울 때가 많다. 실상 고치는 것이 의미 없을 때도 있다. 그러면 단점에 매여 시간을 낭비하느니 장점을 지키라.

합평하거나 조언하는 입장에서도 마찬가지다. 그 작가의 나쁜 부분을 고치는 것은 그리 중요하지 않거나, 현실적으로 불가능할 때가 많다. 대신 좋은 부분이 무엇인지 말하고 그것을 계속 지키라고 말해주어야 한다. 그 사람이 좋은 부분을 하나씩 늘리고 쌓아나가게 해야 한다.

완벽하려 하지 마라.

매력적이어야 한다.

모든 사람에게 매력적일 수도 없다. '누군가에게' 매력적이어야 한다. 당신이 모든 사람에게 사랑받고자 하면 누구도 사랑할 만하지 않은 흔한 이야기만 쓰게 된다.

4) 빼고 싶지 않은 부분을 빼라

'빼고 싶지 않다'고 느껴지는 장면은 빼야 하는 부분일 수 있다. 이상하게 느껴지면 생각해보라. 소설의 모든 장면은 다 빠짐없이 필요하다. 그런데 굳이 '빼고 싶지 않다'는 생각이 의식에 떠올랐다면, 이성적으로는 글의 완성도를 위해 빼야 한다는 감이 온 것이다. 감정적이고 사적인 이유로 넣고 싶은 것이다. 물론 이런 부분이 글에서 거칠게 튀어나온 부분이 되어 개성이 될 수도 있다. 하지만 다시 잘 보라.

5) 낯설게 하기

두 번째 장 〈왜 내가 쓴 글은 잘 쓴 것 같을까〉에서 다소 소개한 바 있으니 되짚어보라. 퇴고는 자기 글을 남의 글처럼 읽어야 하는 때다. 쓰면서 생겨난 기억을 지워내야 하는 때다. 글을 다양한 방법으로 낯설게 만들라. 종이로 뽑아보라. 편집을 바꿔보라. 속독하듯이 빠르게 읽어보라. 반대로 아주 천천히 읽어보라. 소리 내어 읽어보라. 뒤에서부터 읽어보라.

평가를 듣는 기술

나는 앞에서 '소설에 과학기술이 중요하지 않다'라는 독자의 말은 실제로는 설정을 무턱대고 쏟아 넣지 말라는 뜻이라고 말한 바 있다.

독자는 옳게 보지만 정확하게 말하지 않는다. 그러므로 비평을 받을 때는 말 자체가 아니라 말 저변에 담긴 뜻을 보아야 한다.

1) **내용이 아니라 지점을 보자**
이것은 무엇보다도 중요한 이야기다. 잘 듣기 바란다.
무라카미 하루키는 《직업으로서의 소설가》에서 편집자

가 고치라고 한 부분을 전부 고쳤지만, 전부 그 사람이 한 말과 반대로 고쳤는데 글이 나아졌다고 한 적이 있다.[47]

나는 앞에서 작가가 아닌 사람도 본능적으로 좋은 작품과 나쁜 작품을 알아본다고 했다. 하지만 그렇다고 모두가 창작을 할 수 있는 것은 아니다. 둘을 구분해야 한다.

이를테면 기술자가 아닌 보통 사람들도 잘 만든 스마트폰과 못 만든 스마트폰을 구분할 수 있을 것이다. 그렇다고 누구나 스마트폰을 고치거나 만들 수 있는 것은 아니다.

당신이 스마트폰을 만들거나 고치는 기술자라 치자. 어느 날 고객이 찾아와서 스마트폰이 느려졌다고 불평한다. 이 분석은 아마도 진실일 것이다. 당신은 고개를 끄덕이며 그 말에 귀를 기울일 필요가 있다. 하지만 그때 고객이 "내가 스마트폰을 빠르게 할 방법을 알려드리지요." 하고 말하기 시작하면 당신은 "네, 잠시 앉아서 기다리세요." 하며 방으로 들어가 수리를 시작할 것이다. 때로는 방법이 없어 "새로 사세요"라고 말할 때도 있을 것이다. 방법이 없다는 사실 또한 당신만이 알아낼 수 있다. 소설의 평가를 들을 때도 그와 같다.

자기가 스마트폰을 수리할 수 있다고 믿는 사람은 별로 없지만, 소설을 쓸 수 있다고 믿는 사람은 넘쳐난다. 글 한

줄 써본 적이 없는 많은 이들이 작가인 당신에게 작법론을 가르치려 들 것이다. 그때 그들이 제시하는 해결책 자체는 무시해도 좋다. 하지만 제시하려 드는 바로 그 지점은 눈여겨볼 필요가 있다. 특히 말해주는 사람이 착하고 솔직한 친구나 편집자라면, 그 지점이 왜 거슬렸는지 살펴보고 이유를 알아내라. 그것을 당신만의 방식으로 고쳐보라. 물론 시간 내에 고칠 방법이 없다면 내버려두라.

전문가의 지적이라도 마찬가지다. 당신 집 현관문이 잠겼다고 생각해보자. 온갖 문을 여는 전문가들이 모여든다. 이들은 망치로 문을 부수자고 하거나, 수리 도구를 꺼내거나, 문고리에 바늘을 넣으려 한다. 하지만 당신은 주머니에서 열쇠를 꺼내 문을 열 수 있다. 당신이 그 집의 주인이라서다.

내가 예전에 단편 〈산군의 계절〉을 퇴고할 때 편집자가 한 부분을 지적했다. 왕이 주인공에게 "네 소문을 들었다" 하고 말하는 장면이었다. 편집자는 왕이 소문을 들었는데 왕후가 듣지 못한 것이 이상하다며 왕후도 주인공에 대해 알아야 한다고 조언했다. 합당한 말이었다. 하지만 그 조언대로라면 소설의 많은 부분을 뜯어고쳐야 했다. 나는 그 대신에 왕의 대사를 "'이 마을에 오니' 네 소문을 들었다"

고 바꾸었다. 문제가 여섯 글자로 해결되었다. 내가 간단히 문제를 해결할 수 있었던 이유는 내가 그 소설의 주인이라서다.

간혹 작가가 편집자의 조언을 진지하게 수용하면서 소설 전체를 처음부터 다시 쓰는 일도 있다. 나는 그렇게 해서 소설이 나아지는지에 늘 의문이 있다. 사람의 실력이 갑자기 일취월장하는 일도 드물고, 남의 말을 듣고 새로 쓰는 작업에 이전만큼 열정을 가지기도 어렵다. 글에서 생기만 빠지기 쉽다. 작법론적으로 구성이 좋은 글보다 생기가 빠진 글이 백 배 나쁘다. 창작을 해보지 않은 사람은 이 말을 이해하지 못한다. 글의 생기는 남에게 설명하거나 이해시키기 어렵지만 무엇보다 중요한 것이므로 스스로 지켜야 한다.

물론 교정도 끝났고 출간도 해야 하는데 편집자가 지적하는 부분은 의미 있을 때가 많다. 귀담아듣되 당신만의 방식으로 해결하라. 간단한 수정 방법이 있을 것이다. 만약 간단한 길이 보이지 않으면 시간을 들이지 마라. "제겐 능력이 없습니다." 하고 넘기라. 그 시간에 새 소설을 쓰는 것이 백번 낫다.

조언하는 입장일 때도 마찬가지다. 다른 사람의 글에 장문의 해결책을 내놓는 것은 도움이 되지 않을 뿐 아니라 무례하기까지 한 일이다. 당신이 선생이고 그 사람이 학생으로서 당신에게 직접 지도를 부탁했을 경우가 아니라면 그만두라. 당신은 그 사람이 아니고 남의 글을 대신 써줄 수도 없다. 소설의 지적은 오류를 찾아내는 것으로 충분하다.

소설이 재미없다거나 시시하다는 뭉뚱그려진 말도 아무 도움이 되지 않는다. 하루 만에 해결할 수 없는 내용은 입에 담아봤자 무의미하다. 최소한 마감 기한 안에 고쳐서 나아질 수 있는 점만 말하라. 그렇지 않은 것은 (당신이 스승이거나 공동 창작자가 아닌 이상) 내버려두라. 그 사람의 몫이다.

2) 보이지 않는 부분을 보자

예전에 내가 봉준호 감독님의 〈설국열차〉 시나리오 초안의 자문을 맡았을 때, 배우 송강호 씨가 맡은 남궁민수 캐릭터가 정말 훌륭하다고 칭찬을 퍼부은 적이 있다. 그때 조용히 듣던 감독님이 말했다. "주인공에 대해서는 아무 말도 하지 않는군."

그러면서 내가 주연보다 조연에 주목했다면 주인공이 매력적이지 않았다는 뜻이라고 했다. 영화가 개봉된 뒤에 보니 남궁민수의 역할은 줄었고 주인공 커티스의 역할은 늘어나 있었다. 그분의 무수한 경이로운 점 중 하나였다. 나는 과연 그럴 수 있는지 늘 자문하곤 한다.

나는 '스타워즈' 시리즈의 여덟 번째 작품 〈스타워즈: 라스트 제다이〉를 꽤 늦게 보았다. 그 영화에서 로즈라는 캐릭터가 많은 비난을 받았다는 사실을 알고 난 뒤였다. 내가 영화를 보니 로즈 캐릭터에게는 아무 잘못이 없었다. 대신 로즈보다 훨씬 더 많은 역할을 했던 주연인 레이, 핀, 포의 존재감이 조연인 로즈만큼도 되지 않았다. 그러다 보니 영화가 끝난 뒤 로즈만 인상에 남았고, 영화의 허술한 완성도에 대한 비난이 로즈에게 쏟아진 것이다. 다음 편 〈스타워즈: 라이즈 오브 스카이워커〉에서 로즈는 아무 역할도 없는 엑스트라로 퇴행했는데, 몇 배 더 끔찍한 영화가 되고 말았다. 그 영화는 조연이 튄 것이 문제가 아니라 주인공들이 튀지 않은 것이 문제였다.

최근 어떤 만화가가 요새 독자들은 자기 작품의 부주인공을 싫어한다며 자조하는 걸 들은 적이 있다. 댓글에서 "주인공이 아닌데 자꾸 나서서 서사를 차지하려는 것이 문제"라는 말을 읽었다. 나는 그 비평을 보고 크게 놀랐다. 그 부주인공은 2인 주인공 체제나 다름없던 과거에는 중요한 위치였지만, 연재가 계속되면서 조연의 자리로 전락해 있었기 때문이다. 과거에 그 인물이 주인공과 같은 수준의 존재감을 누렸을 때는 인기 만발이었다. 내가 보기에는 그 인물이 튀는 게 문제가 아니라, '튀는' 것으로밖에 해석되지 않을 만큼 역할이 미미해진 것이 문제였다. 그 인물은 튀는 정도에서 멈추는 것이 아니라, 사건을 함께 주도하는 주역이어야 했다.

무엇이 보이지 않는지 보라.

칭찬을 들을 때 주의하라. 칭찬하지 않는 부분에 문제가 있을지 모른다. 비난을 들을 때 주의하라. 그 부분은 도리어 눈에 보일 만큼은 잘 쓴 부분이고, 비난조차 없는 다른 부분이 진짜 문제일 수도 있다. 눈에 띄지도 않았기 때문이다. 독자가 거슬려하는 부분은 버려야 하는 부분이 아니라 도리어 살려야 하는 부분일 수도 있다.

3) 초고는 스스로 판단하자

이것은 개인적인 조언이다.

게임 회사에서처럼 다른 사람과 협업하고 있거나 에이

전시, 혹은 PD 같은 협력자가 있는 경우, 그들이 지금 쓰는 작품의 초고나 중간 단계를 보고 싶어 할 때가 있다.

시놉시스는 관계자에게 공유할 필요가 있다. 하지만 중간 단계는 숨겨야 한다. 정 필요할 때는 완성된 부분만 일부 보여주는 편이 낫다. 아직 덜 쓴 부분을 공유해야 할 때는 차라리 요약본으로 바꾸어 보여주는 것이 좋다.

나는 회사 다닐 때 시나리오 초고를 공유했다가 '완성도가 떨어진다'는 이유로 열 번 이상 퇴짜 맞은 뒤 결국 프로젝트 전체가 엎어진 적이 있다.

헤밍웨이는 "모든 초고는 쓰레기다 The first draft of anything is shit"[48]라고 한 바 있다. 모든 초고가 쓰레기인 까닭은 작품의 정수가 디테일에 있기 때문이다. 하지만 초고에는 디테일이 없다. 그러므로 원고를 한 번에 완성하는 로버트 A. 하인라인 같은 사람의 것이 아닌 이상, 초고는 훌륭한 아이디어와 설정이 있어도 쓰레기로밖에 보이지 않는다.

두 번째 장에서 말했듯이, 작가는 머릿속에서 아직 쓰지 않은 빈 부분을 채운다. 그래서 남도 그 빈 부분을 볼 수 있다고 착각할 때가 있다. 문제는 이 착각은 초안을 요구하는 검토자도 똑같이 한다는 것이다. 이들은 머릿속에서 앞으로 발전할 원고의 빈 부분을 채워서 완성본을 상상할 수 있다고 믿는다. 하지만 내 경험에서 한 번도 그리되었던 적이 없다. 이런 상호 착각으로 얼마든지 좋게 발전할 수 있는 작품이 거절되고, 서로 '보는 눈이 없네' '실력이 없네' 하는 상호 불신과 다툼과 다시 쓰기가 오가다 기획이 엎어지기도 하는 것이다.

애초에 한번 초고를 본 사람은 완성작을 보아도 반응이 시원찮을 가능성이 높다. 앞에서 작품의 재미는 궁극적으로 '궁금함'에서 온다고 했다. 초안을 본 이야기는 궁금하지 않고, 그러므로 다시는 재미있어지지 않는다. 한 번 본 이야기는 기억이 방해하기 때문에 정확히 읽거나 판단하기도 어렵다.

초고를 누군가에게 보여주었다면 본 사람은 작품을 판단할 능력을 다 쓴 것이다. 다음 판본은 다른 사람에게 보여주는 것이 좋다. 그런 이유에서도 작품은 중요한 관계일수록 가능한 완성본을 보여주어야 한다.

미완성 초고의 판단마저 남에게 맡겨야 하는 상황이라면 작업 공정을 처음부터 다시 생각해보는 것이 좋다. 초고는 스스로 판단하라.

악플에 상처받지 않는 법

악플에 상처받지 않는 방법은 하나다. 칭찬을 바라지 않으면 된다.

• 잠깐, 그것밖에 없어? 다른 방법은 없어?

그렇다. 실망의 조건은 하나뿐이다. '기대'다. 연구에 의하면 실망에 기대 이외의 다른 요인은 없다고 봐도 좋다.[49] 당신이 악플에 상처받는 이유는 칭찬을 바라기 때문이다.

• 아니, 어떻게 사람이 칭찬을 바라지 않을 수 있는데?

흠, 칭찬을 바라지 않기가 어렵다면 칭찬에 기뻐하지 않는 것도 도움이 된다.

• 똑같은 말 아니야?

다르다. 칭찬을 바라면서도 기뻐하지 않을 수 있다. 그러면 악플에도 슬퍼하지 않을 수 있다.

• ……되냐?

……되기는 한다. 하지만 안 되면 뭐 어쩌겠는가. 흔들리며 사는 것이 인생 아니겠는가.

물론 칭찬을 들었다면 감사해야 마땅하지만 탐하지 않아야 한다. 대중은 알 수 없고 일관적이지 않으며 당신이 통제할 수 없다. 통제할 수 없는 것에 마음을 기대면 삶이 불안정해진다. 칭찬은 자기 자신에게 들어라.

나는 바둑기사 이세돌의 말을 종종 생각한다. 안티 이세돌 사이트가 생겼을 때 그는 이렇게 답했다고 한다. "나를 좋아하는 팬들에게도 신경 못 쓰는데 그들에겐 당연히 신경 끈다."[50] 무라카미 하루키의 말도 종종 생각한다. "유명인이 된다는 것은 자기를 둘러싼 호의와 악의의 총량을 양방향으로, 그것도 비약적으로 확대시키는 일이다."[51]

그래도 추가로 몇 가지 해주고 싶은 말은 있다.

1) 악플의 고통을 호소할수록 악플은 늘어난다.

많은 사람이 '내가 고통을 호소하면 나를 괴롭히는 사람이 그만할 것'이라고 착각한다. 그리 생각하는 이유는, 우리는 평범한 사람이고 평범한 사람은 그리하기 때문이라서다.

하지만 악플러는 악의를 가진 사람이다. 그들이 악플을 쓰는 이유는 당신이 상처받기를 바라서다. 이것을 건조하게 이해할 필요가 있다. 그들은 당신이 상처받았다는 사실을 알면 자신들의 노력이 보상받았다는 사실에 기뻐서 더욱 열심히 악플을 단다.

반대로, 당신에게 호의를 가진 사람들은 당신이 상처받는다는 말을 들으면, 행여 자기들의 어설픈 말로 상처를 더할까 두려워 입을 다물게 된다. 이 원리로 당신이 악플에 상처받는다고 말하면 악플은 늘어나고 칭찬은 사라진다. 아이러니하지만 그렇다.

2) 아무도 당신이 악플을 받는다는 사실을 모른다.

언젠가 어떤 작가에게서, 사소한 이유로 온 인터넷이 자신을 욕한 적이 있다는 말을 들었다. 내가 "그런 일이 있었어요?" 하고 묻자, "이것 봐! 아무도 몰라. 일 년만 지나도 아무도 기억하지 않아"라고 했다.

모를 수밖에. 나는 그 작가 이름을 검색해본 적이 없으니까. 실상 당신 이름을 계속 검색하는 사람은 세상에 당신 혼자뿐이다. 누가 악플을 받는다는 사실을 내가 알게 되었을 때는 언제나 본인이 직접 말했을 때뿐이었다.

당신은 유명하지 않다. 소설가는 아무리 유명해도 유명하지 않다. 한국인은 책을 많이 안 본다. 문체부에서 2024년에 조사한 통계 자료에 따르면 한국 성인 열 명 중 여섯 명이 일 년간 한 권도 보지 않는다. 성인 평균 독서량은 3.9권인데 종이책으로 한정하면 1.7권이다.[52] 그 1.7권은 아마 대부분 자기계발서일 것이다.

예전에 친구들과 놀다가 김영하 작가 이야기를 한 적이 있다. 모인 사람 중 아무도 김영하가 누군지 몰랐다(죄송합니다). 의아해서 정유정과 김애란, 한강을 물어보니 들어본 적도 없다고 했다(한강 작가가 노벨상을 타기 전이었다). 어이가 없어서 "공지영 작가도 몰라?" 했더니 공지영 작가는 알았다. "이우혁 작가도 몰라?" 했더니 이우혁 작가도 알았다. "그러면 이영도 작가는 알겠네?" 했는데 역시 아무도 몰랐다(죄송합니다). 공지영과 이우혁, 이영도의 차이에서 깨달은 사실이 있다. 일반인은 천만 작가는 되어야 겨우 이름을 안다. 그러니 천만 작가가 되기 전에는 일반인이 날 모르려니 생각해도 좋을 것이다.

사람들은 당신을 모른다. 당신을 검색하지 않으며 하물며 댓글은 더더욱 읽지 않는다. 반대로 당신이 세상에서 가장 안 알려진 작가라도 여전히 집구석에서 악플만 다는 누군가보다는 유명하다. 악플러를 당신의 계정에 전시해서 유명하게 하지 말아야 한다.

3) 칭찬과 악플은 반드시 같이 늘어난다.

나는 신인 시절에 "유명해지고 싶지 않다"고 말했다가 "왜 그런 거짓말을 하느냐"며 화를 내는 사람을 만난 적이 있다. 솔직히 말하자면 그때는 진심으로 원치 않았고, 지금은 "책 팔아 먹고살려면 어쩔 수 없지." 하고 받아들인 것에 가깝다. 글이 팔려야 글을 쓸 시간이 난다는 뒤늦은 깨달음도 있었다.

사람들이 "유명해지고 싶다"고 말할 때는, 내가 여섯 번째 장에서 썼던 나르시시즘적인 백일몽을 떠올리는 것이라고 생각한다. 무대에서 스포트라이트를 받으며, 오롯이

나를 사랑하고 내게 찬사만 바치는 대중을 환상하는 것이다. 하지만 무라카미 하루키의 말대로, 유명세는 반드시 사랑과 미움을 같은 강도로 가져온다. 서울대학교 윤대현 교수가 말한 인간관계 7 대 2 대 1 법칙에 따르면, 사람이 열 명을 알면 일곱은 당신에게 관심이 없고, 둘은 당신을 좋아하고, 하나는 당신을 싫어한다.[53] 이 법칙이 맞다면 작가의 팬이 스무 명 늘어나면 안티 열 명도 같이 늘어난다는 뜻이다.

결국 책이 많이 팔린다는 것은 당신의 책이 전혀 취향에 맞지 않는 사람들에게까지 도달한다는 뜻이다. 당신은 베스트셀러라는 말에 책을 샀다가 실망하며 돈 아까워한 적이 없는가? 나는 아주 많다. 그렇다면 내 책을 사고 나서 비슷하게 실망하는 사람도 당연히 많을 것이다.

악플은 당신의 책이 조금도 취향에 맞지 않는 사람에게까지 전해졌다는 하나의 증명일 수 있다. 정도의 차이는 있겠으나 결국 우리는 그런 과정을 통해 책을 팔게 된다.

물론 이것은 악플에 대처하지 말라는 뜻이 아니다. 대처하되 왜 세상에 나를 싫어하는 사람이 있는가에 대해서 굳이 생각할 필요가 없다는 것이다. 또 반대로, 이 말을 악플을 써도 괜찮다는 뜻으로 착각하지도 말기 바란다. 과도

한 악플은 법적인 처벌을 받을 수 있는 민형사상 범죄다.

대량 노출 사회를 사는 문제

단지 현대사회는 이런 고전적인 위로만으로는 해결이 안 되는 면이 있다. 우리가 대량 노출 사회를 살고 있기 때문이다.

창작에 새로운 것 없고, 사람 사는 모습에도 새로운 것 없다지만, 우리는 한 가지 점에서만은 인류가 살아본 적이 없는 환경에서 살고 있다. 전 세계가 스물네 시간 연결된 세상에서 살고 있다는 점이다.

현대사회는 인류 역사상 그 어느 때보다 평범한 사람들이 대규모로 노출되는 사회다. 넷플릭스 다큐멘터리 〈소셜 딜레마〉에 나오듯 "우리는 타인의 반응을 귀담아듣고 그에 맞추어 자신을 조정하도록 진화해왔지만, 1만 명에게서, 혹은 오 분마다 한 번씩 사회적 인정을 받도록 진화하지는 않았다."[54]

무라카미 하루키는 '유명세'에 대해 "전혀 파악이 불가능한 세계로부터 파악이 불가능한 유의 호의와 악의"[55]를 받는 것이라고 말한 바 있다. 하지만 현대사회에서는 유명세도 없는 평범한 사람들이 그와 비슷한 처지에 놓인다. 많은 이들이 이런 상황에 극도의 혼란을 겪는다.

예전에도 사람들은 집에서 텔레비전을 보거나 책을 보면서 작가 욕을 했을 것이다. 지금은 그렇게 집에서 하는 욕설이 작가 귀에 실시간으로 들리는 세상에 가깝다. 연극 무대에서 배우가 연기를 하는 내내 관객의 머릿속 생각을 실시간으로 듣는 것에 가깝다.

독자들은 반대로, 혼자 방에서 텔레비전을 보며 혼잣말했을 뿐인데, 갑자기 화면 속에서 연기하던 배우가 나를 보면서 불편해하는 것처럼 느낄 것이다. 그러면 독자는 싫은 것을 싫다고 말할 자유도 없느냐며 화를 내게 된다.

현대사회의 문제는 개인의 혼잣말이 전 세계에 생방송된다는 것이다. 전 세계에 생방송을 했으면서 혼잣말을 했다고 착각하게 만드는 시스템도 잘 정착되어 있다. 기업은 그 착각을 유도하여 돈을 번다. 그리고 그 시스템을 조정할 다른 시스템은 아직 생겨나지 않은 상태다.

이런 대량 노출은 공황을 일으킨다. 공황에 빠지면 적대적인 군중에게 포위되었다는 공포에 빠져 틀어박히게 된다. 반대로, 마치 생방송 저녁 뉴스나 대통령 선거에 나온 사람처럼 말하면서 계속 대중 앞에 나서게 되기도 한다. 둘 다 군중이 나를 주목하고 있다는 착각에서 오는 행동이다.

하지만 대량 노출이 된 후에도 여전히 대중은 당신을 모른다. 유명 인사도 아닌 사람이 기이한 행동을 하고 있으니 '역시, 원래 비난받을 만한 이상한 사람이었군.' 하며 더 악플을 부른다. 그러다가 '이렇게 많은 비난을 받았으면 그래도 뭔가 잘못한 것이 있겠지.' 하는 착각 속에서 고용주가 죄 없이 공격받는 직원이나 창작자를 도리어 징계하는 사태도 일어난다. 악순환이다.

당신이 받는 비난은 당신이 죽을 죄를 지었거나 세상이 악의에 찬 지옥이라서가 아니라 대량 노출의 시대가 너무 빠르게 왔으나 아직 그에 대처하는 사회 시스템이 부재하기 때문이라고 봐야 한다. 이를 건조하게 이해할 필요가 있다.

중요한 것은 눈에 보이지 않는다

여우가 말했다.

"내 비밀은 말야, 아주 간단한 거야. 마음으로 보아야 더 잘 볼 수 있다는 거지. 가장 중요한 건 눈에 보이지 않는다는 거야."

"가장 중요한 것은 눈에 보이지 않는다."

어린 왕자는 이 말을 잊지 않으려고 되뇌었다.[56]

_앙투안 드 생텍쥐페리, 《어린 왕자》에서

중요한 것은 눈에 보이지 않는다. 이는 단순한 진리지만 전달하기는 어렵다. 말 그대로, 보이지 않기 때문이다.

작법서도 그렇다. 작법에서 가장 중요한 것들은 규격화되기 어렵고 공식으로 만들기 어렵다. 그러므로 작법서는 늘 가장 중요한 것을 말하지 않고 넘기기 쉽다. 책을 마무리하기 전에 이에 대해 짚어보고자 한다.

중요한 것은 규격화되지 않는다

인공지능 분야에서 흔히 말하기를, 인간에게 쉬운 것은 인공지능에게 어렵고 인공지능에게 어려운 것은 인간에게 쉽다고 한다. 그 이유 중 하나는 우리가 인간에게 쉬운 것, 인간이 본능적으로 할 수 있는 것은 굳이 규격화하지 않기 때문이다. 규격화하지 않으므로 만들기도 어렵다.

우리는 학교에서 1+1가 2라는 것은 배우지만, 웃는 얼굴과 화난 얼굴을 구분하는 법을 배우지는 않는다. 왜냐하면 본능적으로 할 수 있는 것이라서다(그렇지 않은 경우도 있고 이는 장애에 속한다). 하지만 삶에서는 웃는 얼굴과 화난 얼굴을 구분하는 것이 1+1=2를 아는 것보다 훨씬 중요하다. 상대가 내게 호의적인지 위협적인지를 모르면 언제 위험한 일을 당할지 알 수가 없다.

그러므로 우리는 웬만해서는 배우지 않고도 웃는 얼굴과 화난 얼굴을 구분할 수 있다. 너무나 중요하기 때문이다. 생존에 가장 기본적인 것들은 배우지 않고 안다. 그렇기에 군이 규격화하지 않고, 학교에서 배우지 않는다.

반면, 인공지능은 1+1=2는 한참 넘어서, 인간이 도저히 해낼 수 없는 복잡한 숫자 계산을 순식간에 해내지만, 사람의 표정을 판단하라고 하면 막대한 전기를 소비하며 복잡하게 연산해야 하고 그러고도 오류를 일으킬 것이다.

학교 교육은 대개 인간에게 어려운 것으로 구성되어 있다. 수학, 영어, 과학 등등. 하지만 공감하기, 남을 해치지 않기, 어려운 사람 도와주기, 좋은 사람 되기 등등은 교육 과정에서 소외된다. 하다못해 이들은 공정하게 점수를 매길 수 없으므로 시험에 나오지도 않는다.

이는 공정함을 지나치게 강조하는 사회가 공정하지 않게 되는 이유다. 공정하게 평가할 수 있는 것은 오직 규격화할 수 있는 것뿐이고, 그렇기에 덜 중요한 것들뿐이라서다. 시험으로 인성과 도덕성, 건강하고 강인한 정신을 평가할 도리는 없다. 공정을 과도하게 강요하는 고도 경쟁 사회는 도덕이 결여되다 못해 멸시된다.

글에 대해 생각해보자. 작법을 공부하는 것은 중요하

다. 하지만 글은 본질적으로 규격화될 수 없다. 규격화하면 할수록 창작의 실체는 사라진다. 그러므로 작법을 공부하되 작법으로부터 자유로워져야 한다.

메시지를 의도할 수 있는가

나는 간혹 "어떤 메시지를 소설에 담으려 했는가?" 하는 질문을 받는다. 그리고 그때마다 그런 생각은 굳이 하지 않는다고 답한다. 이렇게 답하는 창작자가 많은 줄도 안다. 그들은 창작의 본질이 디테일에 있으며 굳이 메시지를 생각하지 않는다고 답한다.

간혹 그런 발언에 화내는 독자도 있다. 어떻게 창작자가 주제를 생각하지 않고 창작할 수가 있느냐고 묻는다. 반대로 생각하는 독자도 있다. 이들은 창작의 본질은 재미이므로 작품에 사상을 넣지 말라고 한다.

이에 대해 명확히 정리하자면 이러하다.

창작하기 전에는 메시지를 의도할 필요가 있다. 하지만 창작하는 중에는 의도하지 않아야 한다.

생각해보라. 우리가 무엇을 의도하면 그것은 규격화된 문장이나 언어의 형태로 떠오를 수밖에 없다. 하지만 메시지가 눈으로 볼 수 있는 형태가 되면 결국 가볍고 얄팍한 것이 되고 만다. 그리고 가벼워진 메시지는 전달되지 않는다.

우리는 소설이 말해야 할 모든 메시지를 이미 유치원에서 다 배웠다.[57] 착하게 살라, 욕심 부리지 말고 서로 나누어라, 남을 괴롭히지 말라, 감사하고 사과하라……. 그럼 그걸 잘 써서 벽에 붙여놓으면 되지, 소설은 왜 보는가?

하지만 아무리 우리가 착하게 살자고 팔뚝에 문신을 새기고 벽에 붙이고 외워도 우리는 도무지 착하게 살지 못한다. 우리가 어떤 메시지대로 살려면 그것을 삶에서 직접 경험하고 체화할 필요가 있기 때문이다. 삶에서 경험하지 않은 구호는 나의 것이 되지 않는다.

그런데 체험하지 않았는데도 진짜 체험한 듯 느끼게 해주는 것이 있다. 그것이 창작이며 스토리텔링이다. 좋은 창작이 주는 체험은 현실의 체험과도 같다. 때로는 그 이상이다. 그것은 진실한 나의 체험이 되며 그 체험으로부터 얻은 교훈도 나의 것이 된다. 창작의 신비다. 하지만 모든 창작이 그런 신비를 주지는 않는다. 오직 좋은 창작만이 가상의 세계를 진실로 바꾸어준다.

허구의 세계를 현실처럼 느끼게 만드는 것은 하나의 기적이다. 흔히 일어나는 일이 아니다. 누구나 해내는 것이 아니며 한 번 해냈다고 늘 해낸다는 보장도 없다. 어떤 독자에게 그런 기적이 일어났다고 다른 독자에게도 그러리라는 보장도 없다. 이처럼 가상을 현실로 바꾸는 기적, 이 기적이 좋은 메시지 문구를 머리에 떠올리는 것보다 무한의 영겁 배만큼이나 더 어렵다.

그러므로 창작하는 중에는 오로지 내가 창조한 인간과 세계가 어떻게 생생하게 살아 있게 하는가에만 골몰해야 한다. 이때는 메시지를 생각하는 것마저도 딴생각에 불과하다. 그리고 그 세계를 살아 있게 만드는 방법, 그것은 이야기의 디테일뿐이다. 그러기에 창작자는 이렇게 말하는 것이다. "나는 메시지를 생각하지 않는다. 디테일만을 생각한다."

창작자가 메시지를 잊는 까닭은 반대로 독자에게 진실로 메시지를 전달하기 위해서다.

창작자가 메시지를 의도하지 않는 이유는 거꾸로 메시지를 가장 강력한 형태로 전달하고 싶어서다.

이것이 '**메시지는 중요하지 않다. 디테일이 전부다**'의 의미다.

행여 이 말을 잘못 알아듣고 "내가 뭐랬어, 창작에 사상을 넣지 말란 말이다!" 하고 좋아하는 사람은 없었으면 한다. "창작에 사상을 넣지 '않는다'"는 말 또한 언어로 규격화된 구호일 뿐이다.

애초에 창작을 한 번도 해본 적이 없으니 하는 소리다. 이런 말을 하는 사람에게는 단 십 분 만이라도 아무 의도 없는 대화를 해보라고 하고 싶다. 분열적인 헛소리 말고는 나올 것이 없을 것이다.

미야자키 하야오는 뛰어난 시나리오를 쓰는 법은 "표현하고자 하는 핵을 확실히 갖는 것"이라고 말한 바 있다.[58] 의도 없이는 작품도 없다. 의도가 없는 사람은 애초에 글을 쓰려는 마음을 품지 않는다.

그저 몰입하라

디테일이 명작을 가른다. 디테일이 이야기에 생명을 준다. 그 인물이 딱 그 장면에서 할 법한 대사, 공감이 가는 행동, 그 세계에서 충분히 일어날 법한 적절한 사건, 그럴듯한 해결책. 이 모든 것이 디테일이다. 소설의 모든 문장,

매 순간의 모든 것이 디테일이다. 이들은 우주와 같아 머리로 일일이 계산할 도리가 없다. 디테일은 순수한 몰입 속에서 만들어진다. 몰입은 내가 여태껏 말한 그 어떤 작법론보다도 중요하다.

    작가가 깊이 몰입한 작품은 군더더기가 없고, 설정이 어긋나지 않고, 불필요한 말이 없으며, 인물의 감정 흐름이나 행동에 어색함이 없고, 뻔하고 시시한 대사를 늘어놓지 않으며, 세계의 형태에 위화감이 없다.

SF의 독법은 따로 있는가

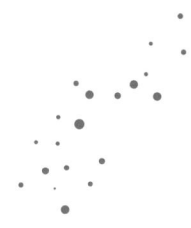

이것은 자주 화젯거리가 되는 질문이다.

독자가 SF를 좋아하는가 아닌가, 혹은 SF를 많이 보았는가 아닌가에 따라 한 작품에 대한 평가가 달라질까? SF 공모전 심사위원이 SF 팬인가 아닌가에 따라 당선작이 달라질까? 아니면, 좋은 작품은 누가 봐도 좋은 작품일 수밖에 없으니, 장르는 중요한 문제가 아닌 것인가?

오랜 논의 주제고 갑론을박이 있는 것으로 안다. 내 생각에 답은 간단하다. 하나의 작품은 역사적인 위치에 따라, 또는 동시대 다른 작품과의 관계에 따라 다음 어딘가에 속한다.

> 표절(범죄)
>
>   패러디
>
>   오마주
>
>   특정 작품에 영향을 많이 받음
>
>   클리셰
>
>   많이 쓰인 기법
>
>   최신 기법
>
> ....
>
>   클리셰 비틀기
>
>   여러 클리셰의 색다른 조합
>
>   새로운 변주
>
>   독창적인 시도
>
>   신선한 관점
>
>   놀랍도록 새로움
>
>   최초(기록될 역사)
>
> ⎯⎯⎯⎯⎯⎯⎯⎯⎯⎯⎯⎯⎯⎯→
>
> 독창성의 축

만약 독자가 작품 하나만 보고 그 장르의 고전이나 주변 작품을 보지 않았다면, 지금 읽은 작품이 위의 여러 단계 중 어디에 속하는지 알 도리가 없다.

또한 장르 안에서 작품의 위치를 모르고 '순수하게 독

립적으로 평가한다'는 것은 불가능하다. 그건 마치 작가를 시대나 속한 나라, 문화와 완전히 분리해서 평가할 수 있다고 자부하는 것이나 다름없다.

팬덤과 대중의 취향이 괴리되는 이유도 많은 경우 여기에서 온다. 일반문학 공모전에서 이례적으로 SF를 선정하면서 '신선한 기법'이라고 평했을 때 SF 팬덤이 뒤집어지는 것도 주로 이 문제에서 온다. 한편으로 일반문학에서 "무슨 말인지 이해는 안 되는데 아마 내가 장르를 잘 몰라서 그런가보지." 하고 한 바퀴 꼬아 생각한 뒤, 단순히 못 쓴 작품을 고평가하는 참사도 발생한다.

- **비평가**: 이전에 없던 참신한 작품
- **독자**: 이 사람 본 게 없군.

- **비평가**: 새롭고 놀라운 시도, 이전에 보지 못한 전무후무한.
- **독자**: 정말로 본 게 없군.

- **비평가**: 모 작품과 모 작품에서 크게 영향받은 것으로 보인다.

- **독자**: 그것밖에 본 게 없군.

어쩌면 아예 문학에 무지한 사람은 때로 순수하게 작품 자체로 오롯이 판단할 수 있을지도 모른다. 하지만 오히려 다른 분야의 문학을 오래 공부한 사람이라면 이미 머릿속에 형성된 도식에서 벗어나기 어렵다.

반대는 어떠할까? 만약 내가 사실주의 문학을 본다면 내 고정관념 때문에 잘못 판단할까?

그러리라고 본다. 앞에서 말했듯이, 내가 사실주의 문학을 읽을 때, 특히 한국의 순문학을 읽을 때 자주 드는 생각은 '아무 일도 전개되지 않는다'와 '결말이 나지 않는다'이다.

이는 순문학에서는 세계가 변화하거나 성장하지 않기 때문이다. 나는 종종 '이야기는 언제 시작하는 거야?' 하고 의문하다가 '아, 순문학이구나.' 하고 정신을 차리곤 한다. '왜 이야기를 하다가 말지?' 하며 의문하다가 '아, 순문학이구나.' 하고 정신을 차리곤 한다.

그러므로 나는 종종 순문학이라는 장르를 정의하지 않고서는 순문학을 온전히 즐기기 어렵다.

하지만 한국인 대다수는 SF 팬이 아니지 않은가?

한국의 출판 시장은 작은 편이고, 어차피 작품을 많이 팔려면 SF 팬덤이 아니라 일반 대중에 팔아야 하지 않는가? 그러면 SF를 모르는 일반인의 눈으로 평가해도 별 차이 없지 않을까? 그것이 대중의 취향이라면 대중의 취향에 맞추는 것이 좋지 않은가? ……이런 생각을 하는 사람도 있는 듯하다.

하지만 만약 어떤 가수가 번안곡과 창작곡을 같이 불렀는데, 그 곡이 번안곡인지 창작곡인지 대중도 모르고 기자도, 평론가도 몰라서 번안곡에만 상찬을 몰아주고, 그 작가가 새롭게 시도한 창작곡은 낯설고 이상하고 허술하다고 폄하한다면, 과연 그 가수가 힘만 들고 시간도 더 걸리고 인기도 없고 돈도 안 되고 평가마저 안 좋은 창작곡을 굳이 만들려고 할까?

세상의 평가가 그 방향으로만 간다면 창작은 멈추고 만다. 대중은 그렇다 치고, 연구자와 평론가마저 그 작품이 오마주인지, 패러디인지, 흔한 클리셰인지, 어설픈 재생산인지, 아니면 다수의 작품을 섭렵한 능수능란한 변주인지, 새롭고 독창적인 시도인지, 역사에 남을 만한 기념비적인 작품인지 구분할 수 없다면 창작은 발전할 수 없다.

'아쉬발꿈'은 왜 사랑받지 못하는가

독자의 취향은 다양하고 어떤 이상한 이야기든 누군가에게는 가닿을 수 있겠지만, 내 생각에 거의 어떤 독자도 좋아하지 않는 결말이 있다. 그런데 희한하게 작가들은 좋아하는 결말이 있다. 아쉬발꿈이다.

"아 쉬발 꿈이었네."

지금까지 한 이 모든 이야기가 일장춘몽一場春夢, 봄날의 한바탕 꿈이었다는 결말. 유구한 전통이 있는 결말이다. 온갖 사건을 겪은 주인공이 꿈에서 깨어나고, 모든 일은 없었던 것이며, 맨 처음 혹은 평범한 현실로 돌아간다.

이 결말이 독자에게 사랑받을 수 없는 까닭은, 독자는

책을 펼쳤을 때 이미 알기 때문이다. 이것이 한바탕의 꿈에 불과하다는 것을. 책을 덮고 일어나면 끝나는 환상임을 안다. 그 세계는 모두 거짓이며, 다 읽고 나면 우리는 현실로 돌아갈 것이다. 그러니 독자가 이를 모를까 봐 작가가 결말에서 한번 일러주는 것은 쓸데없는 짓이다.

그런데도 작가가 이런 결말을 내놓고 싶은 유혹에 빠지는 까닭은 스스로 자기 세계에 너무 깊이 빠졌기 때문이다. 너무 홀린 나머지 "아, 독자가 혹시 이 세계가 진짜인 줄 알면 어쩌지?" 하는 쓸데없는 걱정을 하게 된 것이다.

깨어보니 꿈이라는 결말은 크리스토퍼 놀란 감독의 〈인셉션〉이나 구병모 작가의 《상아의 문으로》처럼 아예 꿈을 소재로 한 작품, 혹은 가상과 현실의 모호함이 주제여서 그 결말이 합당한 논리를 통해 도출되는 작품이 아니라면 사랑받기 어렵다. 사실 저 두 작품 역시 놀랍게도 오히려 꿈의 실체성을 분명히 한다.

소설은 작가가 가진 것을 다 쏟아부어 진짜처럼 만들어봤자 어차피 가짜일 수밖에 없는 세계다. 남이 그걸 착각할까 봐 걱정하는 것은 나르시시즘적인 백일몽이다. 두 번째 장을 돌이켜보고 독자는 타인임을 상기하라.

'시각적인 묘사였다'

 독자가 '시각적인 묘사였다'고 말하는 이유는 보통 사람이 체험을 기억할 때 주로 시각을 저장하기 때문이다. 한 연구에 의하면 시각기억이 기억 전체의 76퍼센트를 차지한다고 한다.[59]

 만약 작가가 서술만 하고 시각적 묘사를 쓰지 않으면 독자를 암흑 속에서 헤매게 하는 것이다. 청각을 쓰지 않으면 고요 속에 잠기게 하는 것이다.
 많은 초보 작가가 여기서 묘사를 끝낸다. 작가의 기억에 남는 정보가 주로 시청각이기에 이것으로 충분하다고 보는 것이다. 하지만 시청각만을 쓰면 독자는 소파에 앉아 모니터 화면을 보는 것이다. 아직 독자를 당신의 세계로 들여보내지 않았다.

바다로 여행을 떠났다고 생각해보자. 바다가 보이기 전에 후각이 먼저 찾아온다. 짠 내, 해조류 내음, 산뜻한 비린내. 촉각도 같이 온다. 공기에 소금기가 느껴지고, 바닷바람이 불고, 습하거나 건조하며, 햇볕이 뜨겁다. 후각과 촉각이 시청각보다 먼저 온다. 그러므로 이를 먼저 고려하는 것이 좋다.

이렇게 오감을 다 써도 아직 부족하다. 아직 그 사람 본인이 거기에 없다. 가장 먼저 오는 체험은 나의 생태적 변화다. 사람은 남을 인식하기 전에 우선 나를 인식한다.

길 가다 좀비를 만났다고 생각해보자. 그 무엇보다도 심장이 내려앉을 것이다. 숨을 헐떡이고, 이가 딱딱 맞부딪히고, 땀이 줄줄 흐르고, 입안이 마르고, 배가 뒤틀리고, 다리가 후들거리고, 현기증이 난다.

내 생태 변화보다 강렬한 감각은 없다. 당장 내 생존에 직결되는 문제라서다. 후각은 그다음이다. 탄내, 썩은 내, 위험한 독성 물질은 대부분 냄새가 난다. 촉각도 생존에 직결된다. 타격, 아픔은 위험하며, 사람이 견딜 수 있는 온도와 압력의 범위는 좁다. 그다음이 청각이다. 시야보다 청각의 범위가 훨씬 넓다. 청각은 집중하지 않거나 잘 때조차도 들린다. 시각이 마지막이다. 시각은 느긋하고 안전하다. 웬만해서는 생존을 위협하지 않는다.

장면을 묘사할 때 이 순서를 떠올려보라. 신체의 내적인 생태 감각과 바깥을 향한 오감을 골고루 활용하라. 그러면 독자가 이야기를 현실처럼 체험할 수 있으며, 기억을 돌이켜 회고하기를 "시각적으로 눈에 보이는 묘사였다"고 말한다.

루틴

나는 그간 루틴에 대해 질문 받을 때마다 잘 답하지 못했다. 어디선가 "창작 루틴을 말하는 사람은 살림을 하지 않는 사람이다"라는 말을 들은 바가 있다. 그에 동의하는 편이다.

현대 한국사회에는 전통사회와 고노동 산업사회가 공존하고 있다. 더해서 인구 구조가 역피라미드를 그리고 있기에, 성인 한 명이 부모와 조부모와 아동을 혼자 돌봐야 할 때가 많다. 더구나 고노동 사회인 한국에서는 집안에서 당장 병원에 달려가거나 잡무를 볼 수 있는 가용 인력이 프리랜서인 당신 한 명뿐일 수도 있다. 더해서 어지간한 작가들은 글쓰기만으로 먹고살 수 없기에 대개 다양한 부업을 하고 있다.

물론 그렇지 않다면 다행이지만, 내가 아는 많은 좋은 작가들이 이런 처지에 놓여 있다. 이것은 그런 그대들을 위한 제안이다.

글쓰기는 긴 시간이 필요하지만 글자를 입력하는 시간이 오래 걸리는 것은 아니다. 오래 걸리는 것은 구상이다.

보통 단편소설은 200자 원고지 80매에서 100매를 요구한다. 원고지가 사라진 시절이니, 이론상 200자를 100번 쓰면 단편 하나가 나온다는 말이다. 200자는 워드 프로그램의 A4지 화면에서 석 줄 정도 된다. 문장 길이에 따라 다르지만 이 문장 길이로 다섯 문장 정도다. 그렇다면 하루에 다섯 문장을 쓸 수 있다면 석 달에 단편 하나가 나온다는 뜻이다.

초보 작가 시절에 3개월마다 단편 하나를 발표한다면 꽤 활발하게 활동하는 사람에 해당한다. 나는 초보 작가 시절에 일 년에 한두 편 발표했는데, 처음부터 큰 인기를 누리는 경우가 아니라면 신인에게는 그보다 발표 지면이 더 적은 경우도 많다.

애초에 작가가 되기 위해 100편, 200편의 글이 필요한 것이 아니다. 당신은 단 한 편으로 작가가 될 것이다. 단 한 편으로 당선되고, 단 한 편으로 수상한다. 단 한 편으로 사랑받고, 독자를 얻는다(웹소설의 법칙은 또 다르겠지만).

고단한 일상에 너무 좌절하지 말고 하루에 다섯 문장 쓸 시간을 확보하자. 출퇴근길에 생각하고, 밥 먹으며 생각하고, 청소하고 빨래하며 생각하고 다시는 고치지 않을 다섯 문장을 써보자. 다음 날은 그 뒤를 이어보자. 실은 다섯 문장보다 더 많이 쓸 수 있다. 그 분량은 당신의 역량과 상황에 따라 달라질 것이다.

더 시간이 없다면 하루에 한 문장을 쓰라. 그래도 일 년이면 단편 하나가 나올 것이다. '이래 갖고 언제 다 쓴단 말인가' 하는 마음을 버리고 오늘 쓰라. 오늘 다섯 문장을 쓰지 못하면 내일은 열 문장을 써야 하는데, 이는 두 배로 어렵다. 오늘 하라.

물론 이론적인 말이다. 그 다섯 문장은 조각난 아무 말이 아니라 유기적인 맥락으로 이어진 문장이기 때문이다. 문장의 숫자가 늘어날수록 그 맥락은 바둑의 기보처럼 점점 복잡해진다. 그래서 때로는 그 다섯 문장을 쓰는 데 스물네 시간이 필요하다. 다른 직업을 가진 사람들이 가장 이해하지 못하는 점이다.

그런 상황에서도 당신은 생계와 집안일을 같이 꾸려가야 할 것이다. 그러니 강단이 있어야 한다.

당신은 최소한 스스로에게 오늘의 문장을 쓸 시간을 주어야 한다. 매일 무슨 일이 있든 그 시간을 확보해야 한다.[60] 이를 이기적으로 선언하라.

가정은 당신이 집에 돈을 벌어다주기 전에는 그 시간을 주려 하지 않을지도 모른다. 하지만 당신이 우선 시간을 확보하지 못하면 돈을 버는 때는 영영 오지 않는다.

또, 글쓰기는 당신이 웬만큼 안정적인 궤도에 오른 뒤에도 영영 직장을 다닐 때 만큼의 돈을 집에 벌어다주지 못할 수도 있다. 이런 것을 가족에게 이해시키기는 지극히 어렵다. 그러니 이해시키려 하지 말고 그저 확보하라.

당신은 몰이해 속에서 살겠지만 행복할 것이다. 글쓰기가 그렇다.

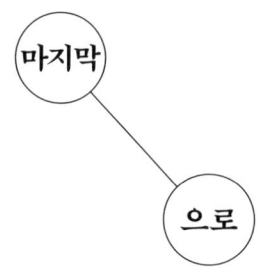

책이 끝나가니 많은 생각이 오갈 것이다.
그러면 이제 잊으라.

작법을 생각하는 것도 메시지를 생각하는 것만큼이나 딴생각이다. 작품의 성취를 기대하거나 인기를 바라는 것과 똑같이 딴생각이다.
쓸 때 작법 같은 딴생각 말라.
걸작은 결국 작법에서 하지 말라는 짓을 할 때 나온다. 원칙이나 클리셰를 깰 때 나온다.
그렇기에 작법서를 쓰는 것이 작가에게 꼭 좋은 일은

아니다. 제 말에 매이기 때문이다. 작법에 매이면 안 된다. 나 또한 매이지 않을 것이다. 작법은 변화한다.

무엇인가를 수련하다가 "아, 이제 도를 깨달았다"라고 말하면, 그 순간 쌓아온 도는 모두 사라지고 처음으로 돌아간다고 한다. 작법도 그와 같다.

걸작은 기이하며 규칙을 무시하고, 아무래도 작가가 좀 미친 것 같다. 하지만 부디 '오, 나는 기이하고 규칙을 무시하고 좀 미친 것처럼 써서 걸작을 만들겠어'라는 생각도 버리라. 그것마저도 딴생각이다. 남들과 다른 것을 쓰고 싶다는 욕망에 빠지면 단순히 작법론만 무시한 작품이 나오고야 만다.

그런 돌출은 우선 작법을 알아야 나온다. 변칙은 순수한 몰입 한가운데에서, 지극의 확신 속에서, 무아지경 속에서 나온다.

미망을 버리라.

그저 몰입하라.

몰입해야 나를 뛰어넘는 글이 나온다. 글이 어떻게 작가를 뛰어넘을 수 있느냐고? 넘을 수 있다. 그게 불가능했으면 내가 어떻게 그 소설들을 다 썼겠는가?

쓰기 전에

당신이 먼저 있고 그 다음에 장르가 있다
〈김보영의 창작 에세이 1: 당신이 먼저 있고 그 다음에 장르가 있다〉, 《The Earthian Tales 어션 테일즈 No.1》, 아작, 2022

왜 내가 쓴 글은 잘 쓴 것 같을까
〈김보영의 창작 에세이 2: 왜 내가 쓴 글은 잘 쓴 것 같을까-에 대한 인지과학적 고찰〉, 《The Earthian Tales 어션 테일즈 No.2》, 아작, 2022

아이디어란 (도대체) 무엇인가
〈김보영의 창작 에세이 4: 아이디어란 (도대체) 무엇인가〉, 《The Earthian Tales 어션 테일즈 No.4》, 아작, 2022

아이처럼 공부하기

〈아이처럼 공부하기〉,《보고》, 휴머니스트, 2015

쓰기

SF 서사의 주역은 둘이다 — 인물과 설정

〈명함보다 내일〉, 리디셀렉트, 2020

타인에게는 주관이 있다

〈김보영의 창작 에세이 5: 타인을 상상하기〉,《The Earthian Tales 어션 테일즈 No.5》, 아작, 2023

이중 구조로 전달하기

〈SF를 쓴다는 것〉,《크로스로드》, 아태이론물리재단, 2015

독자의 기억력과 집중력을 배려하기

〈김보영의 창작 에세이 3: 독자는 작가보다 영리하다. 집중할 마음이 없을 뿐〉,《The Earthian Tales 어션 테일즈 No.3》, 아작, 2022

주석

1. 스티븐 킹, 《유혹하는 글쓰기》, 김진준 옮김, 김영사, 2002, 201쪽.
2. 셰릴 빈트·마크 볼드, 《SF 연대기》, 송경아 옮김, 허블, 2021, 19쪽, 31쪽.
3. 마거릿 애트우드, 《나는 왜 SF를 쓰는가》, 양미래 옮김, 민음사, 2021, 116~117쪽.
4. 마거릿 애트우드, 위의 책, 2021, 16쪽.
5. 어슐러 K. 르 귄, 《찾을 수 있다면 어떻게든 읽을 겁니다》, 이수현 옮김, 황금가지, 2021, 186쪽.
6. 김용, 《소오강호》, 전정은 옮김, 김영사, 2018, 4쪽.
7. 베티 에드워즈, 《오른쪽 두뇌로 그림그리기》, 강은엽 옮김, 나무숲, 2015, 217쪽.
8. 에드 캣멀·에이미 월러스, 《창의성을 지휘하라》, 윤태경 옮김, 와이즈베리, 2014, 249쪽.

9   베티 에드워즈, 앞의 책, 2015, 37쪽.
10 조셉 윌리엄스·그레고리 콜럼, 《논증의 탄생》, 윤영삼 옮김, 홍문관, 2011, 58쪽.
11 리사 크론, 《헐리우드 스토리 컨설턴트의 글쓰기 특강》, 서자영 옮김, 처음북스, 2017, 141쪽.
12 조셉 윌리엄스·조셉 비접, 《스타일 레슨》, 라성일·윤영삼 옮김, 크레센도, 2018, 26쪽.
13 정영지, 〈한국어와 영어의 비언어적 의사소통에 관한 연구〉, 동아대학교 교육대학원, 1998, 1쪽
14 정영지, 위의 논문, 1998, 7쪽
15 조셉 윌리엄스·그레고리 콜럼, 앞의 책, 2011, 51-52쪽.
16 무라카미 하루키, 《직업으로서의 소설가》, 양윤옥 옮김, 현대문학, 2016, 162쪽.
17 어슐러 K. 르 귄, 《세상 끝에서 춤추다》, 이수현 옮김, 황금가지, 2021, 340쪽.
18 어슐러 K. 르 귄, 위의 책, 2021, 341쪽.
19 J. 마이클 스트라진스키, 《스트라진스키의 장르문학 작가로 살기》, 송예슬 옮김, 바다출판사, 2022, 91쪽.
20 J. 마이클 스트라진스키, 위의 책, 2022, 98쪽.
21 로버트 맥기, 《시나리오 어떻게 쓸 것인가》, 고영범·이승민 옮김, 민음인, 2002, 9쪽.
22 데이먼 나이트, 《단편소설 쓰기의 모든 것》, 정아영 옮김, 다른, 2017, 26쪽.
23 낸시 크레스, 《소설 쓰기의 모든 것 3 인물, 감정, 시점》, 박미낭 옮김, 다른, 2018, 12쪽.
24 이사벨 브릭스 마이어스, 《성격의 재발견: 마이어스-브릭스 성격

유형 탐구》, 정명진 옮김, 부글북스, 2008, 4쪽.

25 이사벨 브릭스 마이어스, 위의 책, 2008, 11쪽.

26 길런 다시 우드, 《세계사를 바꾼 화산 탐보라》, 류형식 옮김, 소와당, 2017.

27 세계자연기금WWF, 〈LIVING PLANET REPORT 2024〉 https://livingplanet.panda.org/en-GB/

28 극지항해안전, 〈극지항해안전소개〉, 국립해양조사원 https://www.khoa.go.kr/polar/intr.antarcticClimate.do

29 조나 레러, 《지루하면 죽는다》, 이은선 옮김, 윌북, 2023, 27쪽.

30 첫 출처는 안톤 체호프가 알렉산드르 세묘노비치 라자레프에게 1889년 11월 1일에 보낸 편지다. 생각 자체는 1889년 여름 얄타에서 일리야 구를랸트와 나눈 대화에서 먼저 나왔다고 한다. https://berlin.wolf.ox.ac.uk/lists/quotations/quotations_by_ib.html

31 오탁번·이남호, 《서사문학의 이해》, 고려대학교출판문화원, 1999, 37쪽.

32 장 폴 조그비, 《뇌과학과 심리학이 알려주는 시간 컨트롤》, 원광우 옮김, 처음북스, 2018, 222쪽

33 장 폴 조그비, 위의 책, 2018, 226쪽

34 장 폴 조그비, 위의 책, 2018, 266쪽

35 존 폴 민다, 《인지심리학》, 노태복 옮김, 웅진지식하우스, 2023, 252쪽

36 가와카미 노부오, 《콘텐츠의 비밀》, 황혜숙 옮김, 을유문화사, 2016, 135쪽.

37 가와카미 노부오, 위의 책, 2016, 136쪽.

38 조나 레러, 앞의 책, 2023, 118쪽.

39 이외수, 《글쓰기의 공중부양》, 동방미디어, 2006, 13쪽.

40 정희진, 《페미니즘의 도전》, 교양인, 2005, 43쪽.

41 셰릴 빈트, 《에스에프 에스프리》, 전행선 옮김, 아르테, 2019, 110쪽.

42 가와카미 노부오, 앞의 책, 2016, 41쪽.

43 리처드 A. 그릭스, 《심리학과의 만남: 제4판》, 신성만·박권생·박승호 옮김, 시그마프레스, 2016, 220쪽

44 리처드 A. 그릭스, 위의 책, 2016, 225쪽

45 비키 킹, 《21일 만에 시나리오 쓰기》, 이지영 옮김, 친구미디어, 1999, 194쪽.

46 바버라 애버크롬비, 《인생을 글로 치유하는 법》, 박아람 옮김, 책는수요일, 2013, 270.

47 무라카미 하루키, 《직업으로서의 소설가》, 양윤옥 옮김, 현대문학, 2016, 161쪽.

48 Arnold Samuelson, With Hemingway: A Year in Key West and Cuba, Random House, 1984, p.11

49 김상희, 〈소비자 실망에 관한 고찰〉, 《마케팅연구》, vol.26, no.4, 2011, 5쪽

50 강주일, 〈바둑의 낭만을 지켜낸 이세돌의 감동, 그리고 돌직구 어록〉, 《스포츠경향》, 2016.3.16. https://sports.khan.co.kr/article/201603160620003

51 무라카미 하루키, 《쿨하고 와일드한 백일몽》, 김난주 옮김, 문학동네, 2012, 164쪽.

52 문화체육관광부, 〈성인 10명 중 6명, 1년에 책 한 권도 안 읽어… 종합 독서율 4.5%p ↓〉, 대한민국정책브리핑, 2024.4.18. https://www.korea.kr/news/policyNewsView.do?newsId=148928309

53　윤대현, 〈[성장문답] 미움받을 용기 없는 당신이 반드시 들어야 할 답변〉, 세바시 인생질문, 2015 https://www.youtube.com/watch?v=wTidznMgop8

54　제프 올로우스키, 〈소셜 딜레마〉, 2020.

55　무라카미 하루키, 《쿨하고 와일드한 백일몽》, 김난주 옮김, 문학동네, 2012, 165쪽.

56　앙투안 드 생텍쥐페리, 《어린 왕자》, 최내경 옮김, 베텔스만, 2002, 98쪽.

57　로버트 풀검, 《내가 정말 알아야 할 모든 것은 유치원에서 배웠다》, 박종서 옮김, 김영사, 1989, 13쪽.

58　미야자키 하야오, 《미야자키 하야오 출발점 1979~1996》, 황의웅 옮김, 대원씨아이, 2024, 89쪽.

59　유영갑·송영준·김동우, 〈인간 감각 정보를 위한 평생 기억용량 평가〉, 《한국콘텐츠학회논문지》 제9권 제1호, 2009, 27쪽.

60　바버라 애버크롬비, 앞의 책, 2013, 057·225.

SF 작가의 사유와 글쓰기

1판 1쇄 찍음	2025년 11월 10일
1판 1쇄 펴냄	2025년 11월 20일

지은이	김보영
펴낸이	김정호

책임편집	유승재
편집	이형준
디자인	형태와내용사이, 박애영
마케팅	나영균, 박태준
경영기획	박정은

펴낸곳	디플롯
출판등록	2021년 2월 19일(제2021-000020호)
주소	10881 경기도 파주시 회동길 445-3 2층
전화	031-955-9504(편집) · 031-955-9514(주문)
팩스	031-955-9519
이메일	dplot@acanet.co.kr
페이스북	facebook.com/dplotpress
인스타그램	instagram.com/dplotpress

ⓒ 김보영 2025
작가 전속 에이전시: 그린북 에이전시

ISBN	979-11-93591-46-8 (03800)

디플롯은 아카넷의 교양·에세이 브랜드입니다.
아카넷은 다양한 목소리를 응원하는 창의적이고 활기찬 문화를 위해 저작권을 보호합니다. 이 책의 내용을 허락 없이 복제, 스캔, 배포하지 않고 저작권법을 지켜주시는 독자 여러분께 감사드립니다. 정식 출간본 구입은 저자와 출판사가 계속해서 좋은 책을 출간하는 데 도움이 됩니다.